滿清皇朝

中國歷史之旅

宋詒瑞 著

新雅文化事業有限公司
www.sunya.com.hk

目　錄

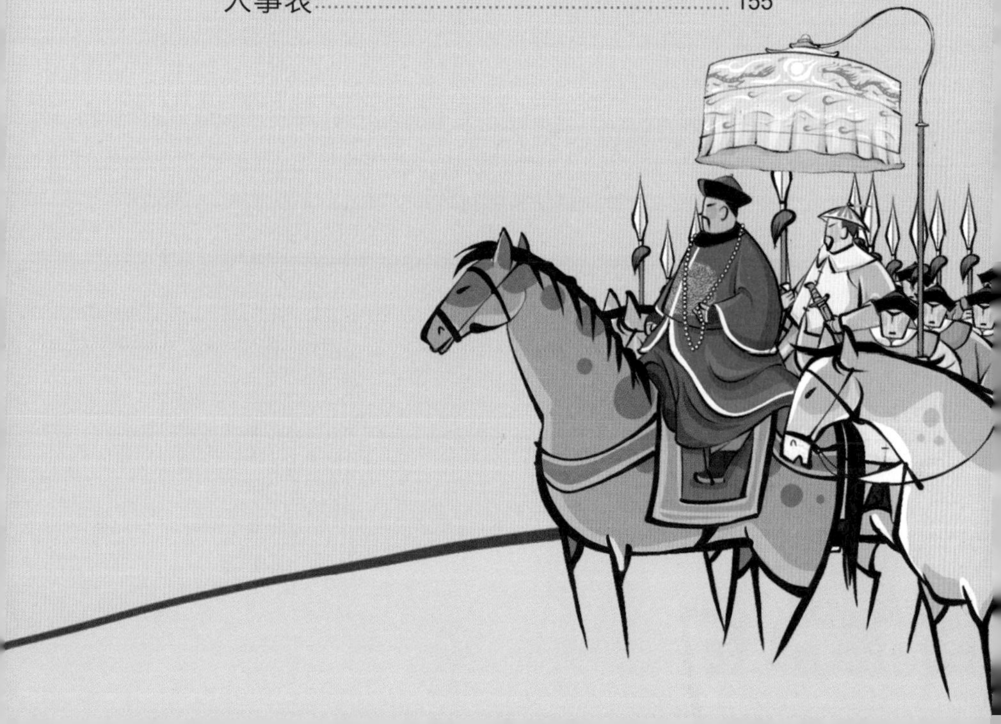

導讀

　　清朝是以滿族領導的封建皇朝，自1644年至1911年止。從康熙皇帝開始進入鼎盛時期，對內平定各地的反叛活動，對少數民族征伐與懷柔並用；對外抵禦沙俄侵略，基本上奠定了中國現有的疆域。另外，生產高度發展，文化成就很大，出現了《紅樓夢》等好幾部不朽文學名著。

　　1840年前是清朝盛世，之後便開始衰落。十九世紀起，西方資本主義列強和日本為了打開中國大門，發動多次戰爭，強迫清朝簽訂喪權辱國的不平等條約。清政府曾嘗試變法圖強，但均告失敗；中國人民認清唯有推翻腐敗的清政府，才能挽救祖國命運。在此期間無數先烈為民主革命獻身，最後孫中山領導的辛亥革命一舉成功，結束了中國幾千年的封建君主政體，帶來民主的曙光。

　　新雅文化事業有限公司於1997年第一次出版《中國歷史之旅》系列，簡明有趣的說故事手法，一直深受小讀者的喜愛。如今重新出版，除有精美的彩色插圖，還加入了「思考角」和「知多一點」兩大內容，跟小讀者分享對中國歷史故事的看法和觀點，還有延伸知識、談談一些典故的出處和古今意味等，希望小讀者們能以自己獨特的角度，細味中國歷史，論人論事。

1. 少年英雄夏完淳

滿清統治中國後，為要鞏固對漢族的統治，採取了**懷柔**①與鎮壓並用的政策：一方面重用明朝降臣，又廢除一些苛捐雜稅以籠絡人心；另方面加派軍隊鎮壓各地的反清鬥爭，包括南方的幾個南明政權和江南一帶老百姓的**反剃髮鬥爭**②。江陰城的反剃髮鬥爭中，三天內被清軍殺了十七多萬人；繼而嘉定有十幾萬人響應舉行了三次抗清鬥爭，清軍進行了三次屠殺，有兩萬多漢族人壯烈犧牲。清軍的血腥鎮壓使繁華的江南地區遭到了嚴重的破壞。

在抗清鬥爭中犧牲的無數烈士中，有一位年僅十七歲的少年英雄夏完淳（粵音純）。

小知識

①**懷柔**：用政治手段籠絡其他的民族或國家，使之歸附自己。

②**反剃髮鬥爭**：清軍攻佔長江中下游時曾發布剃髮令，要漢族人按滿族風俗剃去頭頂前部的頭髮，「留頭不留髮，留髮不留頭」，十天以內不剃，砍頭處死。漢族人為維護傳統的束髮，展開抗爭。

夏完淳是上海附近的松江地區人，父親夏允彝（粵音兒）是明末一位著名的學者，曾組織愛國文學團體，和一些文人一起研究詩文、談論國事。他很注重對兒子夏完淳的教育與培養，為他聘請了良師指導。夏完淳天資聰慧，又在這樣良好的環境中長大，飽讀經書、博學多才；又滿懷愛國熱情，關心國家大事，憂國憂民。他五、六歲時已能講述經書，九歲時已寫出一部詩集，被人稱為「神童」。

　　清軍佔領蘇州和杭州後，想請在當地享有盛譽的夏允彝出來做官。夏允彝是位很有骨氣的文人，他寫信一口拒絕，並在信中痛斥清軍屠殺百姓的罪行。夏允彝知道清政府不會放過他，便帶領夏完淳去參加明朝松江總兵吳志葵的起義隊伍。當時夏完淳只有十五歲，新婚才幾天就離家赴戰。

　　起義軍以松江的三千水軍為主力，首先攻打蘇州，想以此直搗南京，收復江南。可惜的是，當三百名先遣部隊攻入蘇州城後，因後援未到，被清軍集中兵力全部消滅。吳志葵急忙撤退，兵敗被俘，不久被殺。夏允彝見自己無力挽救國家，悲憤得投江自盡，以身殉國。

　　這一連串的挫敗沒有使夏完淳氣餒，反而激勵了

他的鬥志，使他更成熟了。他參加了太湖一帶的起義軍，擔任正參謀，負責制定作戰計劃。他們還和**魯王政權**①取得聯繫，夏完淳被魯王任命為**中書舍人**②。

在清軍的鎮壓下，太湖起義軍的鬥爭也失敗了。各地的南明政權各自為政，無心也無力組織統一抗清。雖然如此，夏完淳還是滿腔熱情地從事抗清活動，他為聯絡各地志士而到處奔走，又寫了大量詩歌抒發憂國情懷。

順治四年，夏完淳寫給魯王的一封奏章不幸落到清軍手中。清軍抓了夏完淳和他的岳父錢栴（粵音煎）一起押送到南京受審。

在審判堂上，年輕的夏完淳運用他的智慧和大無畏精神，怒斥叛徒，表明自己的愛國抗清意志，上演了可歌可泣的一幕：

小知識

① **魯王政權**：李自成推翻明朝後，明殘餘勢力先後在南方建立的小政權之一，統稱「南明」。魯王政權在江浙一帶，尚有南京的福王政權、福建地區的唐王政權、雲貴地區的桂王政權。

② **中書舍人**：官名，屬內閣中的中書科，掌管文書，參與機密。

當時在南京主持軍務的是明朝降將洪承疇（粵音囚），他在松山杏山一仗中被清軍俘虜，便投降了清朝，一直受到重用。這次聽說名震江南的「神童」夏完淳被抓到了，洪承疇就親自提堂，想勸他投降清朝。

　　氣宇軒昂的夏完淳挺立在洪承疇面前，不肯向這個投降清朝的叛將下跪。洪承疇忍住氣，假惺惺地勸說道：「你是個年輕有為的讀書人，怎麼會去帶兵造反的？一定是上了什麼壞人的當吧？你歸順了清朝，就不會定你罪，你可以回去好好讀書，日後一定會得到高官厚祿的。」

　　夏完淳裝作不知道他就是洪承疇，慷慨激昂地說：「保家衛國，匹夫有責，何況我是個知書識禮的讀書人！我聽說在崇禎十四年，有個明朝大忠臣**亨九先生**①，在抵禦清軍的松山杏山一戰中以寡敵眾，英勇作戰，最後壯烈殉國。那時我只是個三歲的幼童，什麼也不懂。但自從聽說了亨九先生的事跡後，我一直很仰慕他，他為我們樹立了榜樣，如今我要像他那樣以身報國，決不投降清朝。」

　　洪承疇聽得臉上火辣辣的，羞愧得不知說什麼才好。堂上的衛兵以為夏完淳真的不認識洪承疇，便走過

去悄悄對夏完淳說，洪大人並沒死，現坐在堂上審問的正是洪大人亨九先生。

夏完淳裝出很氣憤的樣子嗤笑一聲說：「別胡說！亨九先生殉國的事誰不知道？當時崇禎皇帝還帶領大臣們設祭遙拜忠魂呢！你們是誰？膽敢冒名欺眾，污衊忠臣？」

洪承疇又惱又羞，想不到這個**乳臭未乾**②的少年如此難以對付，只得中止審問，下令把夏完淳帶下去押在牢裏。夏完淳知道洪承疇不會放過他，便在獄中寫下了有名的《獄中上母書》、《遺夫人書》和詩集《南冠草》，表明了自己忠貞不屈、視死如歸的愛國之心。當年秋天，夏完淳和他岳父以及一批愛國志士共三十多人在南京被害，當時他僅十七歲。

人們把夏完淳的屍骨運回松江老家，埋在夏允彝的墓旁。假如你有機會去上海的松江小鎮一遊，別忘了到這英雄父子的墓前去憑弔一番呀！

小知識
①亨九先生：是洪承疇的字，古人往往在正式名字之外另有一名，稱字，或表字。
②乳臭未乾：乳臭是指奶腥氣，身上的奶腥氣還沒退盡，即是譏諷人年幼無知。

2. 小皇帝智除權臣

你欣賞過少年武術隊的表演嗎？一個個十來歲的孩子，機靈可愛，精神奕奕，表演起武功來一舉手一投足，都虎虎有生氣，絲毫不比成人差。想當年，康熙皇帝正是依靠了這樣一支少年武功隊，智擒奸臣，為國家除了一大害呢！

公元1661年，清順治皇帝病死，由他生前指定的三皇子玄燁即位，即是康熙皇帝。由於玄燁只有八歲，根據順治帝的遺詔，由**上三旗**①的四名貴族作輔政大臣，幫助皇帝處理國家大事。

這四位輔政大臣是索尼、蘇克薩哈、遏必隆和鰲拜。其中索尼年紀最大，是四朝元老，為人公正，威信頗高；蘇克薩哈和遏必隆爵位較低，處處聽從索尼；鰲拜最為飛揚跋扈，他掌握兵權，曾南征北戰，自恃功高，盛氣凌人，連皇帝都不放在眼裏。鰲拜把自己的兒子和親信都安插在朝廷重要職位上，國家大事都是在他家裏商量好後，再拿到朝廷上來宣布。他決定了的事，誰也不能說個「不」字，哪個大臣敢提出反對意見，鰲拜就會找個藉口把他殺了。假如康熙皇帝不同意他的意

見，他就會大吵大鬧，逼得皇帝點頭了才罷休。康熙從小學習四書五經，是個聰明人，鰲拜的倒行逆施他都看在眼裏，記在心裏。

有一次，康熙皇帝召集四位輔政大臣來商議一件國事。聽了各人的意見之後，康熙皇帝正在考慮，還沒決定該怎麼做。這時，鰲拜卻大模大樣走到康熙皇帝跟前，拿了一張紙，用御用的硃筆寫了道聖旨交手下人去辦了。康熙帝見鰲拜專橫到這等地步，嘴裏雖然沒說什麼，但是心裏已經拿定主意——非要親自執政不可了。

到了十四歲那年，康熙皇帝宣布親自執政。不久，索尼病死，鰲拜非但不把權力交還給皇帝，反而更加肆無忌憚。蘇克薩哈與鰲拜有一次發生了爭執，他怕鰲拜報復，便主動申請去看管皇家的陵園，鰲拜乘機上奏康熙皇帝，誣告蘇克薩哈反對皇帝親政，不忠於職守，謀劃造反，主張把他全家處死。康熙看了奏章十分驚訝地問鰲拜：「蘇克薩哈有這麼壞嗎？你為什麼要對

小知識

①**上三旗**：清代滿族的軍隊組織和戶口編制分八旗，以旗為號，分正黃、正白、正紅、正藍、鑲黃、鑲白、鑲紅、鑲藍八旗。上三旗是指歸皇帝統轄的正黃旗、鑲黃旗和正白旗，上三旗的臣民是皇帝的私人奴僕。

他這麼狠？我不批！」鰲拜冷冷地說：「我和他沒什麼過節，只是秉公辦案。如果不嚴辦此案，以後你的日子恐怕就不好過了！」鰲拜又是威脅又是哄騙，一定要康熙帝下令殺蘇克薩哈。吵到後來，鰲拜竟氣勢洶洶地揎起袖子，伸出拳頭，擺出一副無賴的樣子。康熙帝奈何他不得，只好由他把蘇克薩哈一家殺了。

自這件事後，康熙決心要除掉鰲拜。他深深知道，有鰲拜擋道，他自己就永遠沒有自主權。可是，鰲拜在朝廷的勢力根深蒂固，弄得不好，萬一走漏風聲，康熙帝自己就會遭殃。怎樣做才好呢？

康熙皇帝召來索尼的兒子索額圖，索額圖比康熙大幾歲，從小在一起玩，兩人感情很好。索額圖對鰲拜的專橫早就不滿，他和康熙皇帝兩人悄悄密謀了半天……

第二天，康熙皇帝下令在各親王府中挑選一批體格健壯的少年，來和自己一起練習武藝。這些十來歲的孩子天天和康熙帝一起，在御花園裏吵吵嚷嚷地摔跤格鬥，鰲拜見了以為是小皇帝貪玩，找些小玩伴來解悶，並不放在心上。不到一年，這個少年武術隊的拳術已練得相當嫻熟，連康熙帝也學到了一些招式，而且他們之間的感情也越來越深。

一天，康熙帝召集這批少年來問他們：「你們是怕我呢，還是怕鰲拜？」少年們齊聲回答：「我們只怕皇上。」康熙帝激動地説：「你們都看到了，鰲拜作為輔政大臣，不是輔助我，而是搞他一人專權。他這樣做違背了先皇的重托，這樣下去，國家如何能安定富強？你們都是我的左臂右膀，我要靠你們為國家除掉這個害人精！」少年們都表示願聽皇上吩咐。

第二天，康熙召鰲拜單獨來**太和殿**①議事。鰲拜像往常那樣大搖大擺地走來，並不向皇帝下跪。他昂首立着問道：「皇上召臣有什麼事？」

康熙冷冷地説：「你知罪嗎？」

鰲拜瞪大雙眼反問：「我有什麼罪？」

康熙氣憤地大聲説道：「你做的事你自己最清楚！你專權驕橫，結黨營私，謀害忠臣，欺上瞞下……還説沒罪？」

鰲拜大怒，向前跨了一步待要發作，康熙就等着他這麼做，大喝一聲：「拿下這狗奴才！」

眾少年一擁而上，拳腳兼施，把鰲拜打翻在地，綑綁了起來。鰲拜雖是臂力過人的一員武將，但此時此地卻是絲毫也動彈不得，敗在了一羣小將手裏！

康熙立刻召來議政王和眾大臣審訊鰲拜，大家列舉了鰲拜三十條罪狀，一致要求將他處以死刑。康熙念他是輔政大臣，效力多年，戰功輝煌，便免他一死，判為終身監禁。他的黨羽都被一網打盡。十六歲的康熙皇帝機智地清除權臣，結束輔政局面，從此把大權牢牢掌握在手，開始全力治理國家。

小知識

①**太和殿**：俗稱金鑾殿，北京故宮三大殿（太和、中和、保和）中最大的一個。為全國最大的木構大殿，面積二千三百多平方米，高三十五米，殿內外立有大柱八十四根。殿頂是金檐的黃色琉璃瓦頂。明清兩代帝王即位，或節日慶賀、朝會大典都在此舉行。

3. 康熙平定三藩

康熙皇帝是個年少有為的君主。他用計除掉權臣鰲拜後，大力整頓朝政，嚴懲貪污，發展生產，使清皇朝漸漸強盛起來。

當時，南明政權的最後一位皇帝——永曆桂王，已被平西大將軍吳三桂從廣西、雲南追殺到緬甸，被捕後押回雲南處死了。西南境內已恢復平靜，清皇朝已統一中國。但是，康熙卻另有一件心事未解決，使他朝思暮想，寢食不安，那就是：如何削平**三藩**①，維護國家的統一？

三個藩王原先都是明朝派駐遼東邊疆的大將，後來都投降了清朝，並引領清兵入關，幫助清軍攻打農民起義軍和南明政權，戰功顯赫。順治帝就封他們為王，駐守西南，給予優厚的待遇。誰知這三藩的勢力越來越大，到了難以控制的地步，反倒威脅到清皇朝了。

三藩之中，數吳三桂最強。他的兒子吳應熊娶了皇太極的第十四女兒為妻，作為**額駙**②住在北京。因此吳三桂就更加驕橫。他身為平西大將軍管轄着雲南、貴州，掌握着重兵，還控制着財政，私鑄錢幣，使用稅

收，自選官吏，朝廷不能過問。相反，朝廷每年還要把國家税收的一半撥給吳三桂作開支。吳三桂佔用了以前南明桂王的宮殿，把莊稼田據為藩莊，又訓練軍隊，培養軍官，鞏固和擴大自己的勢力。他怕朝廷不放心，便時時故意挑起少數民族糾紛，以表示邊疆事多，少不了他。廣東的平南王尚可喜和福建的靖南王耿精忠也是在當地專橫跋扈的「**土皇帝③**」，氣焰相當囂張。

康熙覺得，要使清朝統治鞏固和維持統一，非削平這三藩不可。但是如何着手做呢？他把這件事寫成紙條，掛在宮內的柱子上，每當抬頭看見這張紙條，他便陷入沉思。最後，康熙決定先從吳三桂着手。

康熙派大臣去看望吳三桂的兒子吳應熊，在談話中開玩笑地説：「現在西南邊疆已經平定了，平西大將軍怎麼還沒把大將軍印上交呢？」吳三桂聞悉後，知道

小知識

① **三藩**：藩，是王國屬地。三藩指的是平西王吳三桂、靖南王耿精忠和平南王尚可喜這三個藩王。

② **額駙**：官名，清代把幾位公主的丈夫都稱為額駙，也叫駙馬，通常是皇帝的女婿做這個官，因此後來成了皇帝的女婿的專稱。

③ **土皇帝**：指盤據一方的軍閥或大惡霸。

這是皇帝的意思，就只好把將軍印上交了。後來康熙皇帝又派人對吳三桂說：「您年紀大了，不能過於操勞，雲貴兩省事務讓地方官去做吧！」又藉口兵多餉少，裁減了吳三桂手下兵力。吳三桂見朝廷處處限制他，知道皇帝在提防他，於是心生叛意。

正好在此時，鎮守廣東的尚可喜上奏給皇帝，說自己年紀老了，想回遼東老家養老，讓兒子尚之信繼承爵位。康熙皇帝看到這是一個突破口，馬上批准了尚可喜告老回鄉，卻不讓他兒子繼承藩王位。這下觸痛了吳三桂，他馬上召集謀士們商量對策。吳三桂無可奈何地說：「平南王提出撤藩，我不提就不好了。讓我先來試探一下。」有個謀士勸他：「皇上正要找藉口整治您，千萬別試探。」吳三桂自恃自己實力強、功勞大，認為皇上不敢碰他，便密約了鎮守福建的耿精忠，分別上奏，假意提出撤除藩王爵位的請求。

康熙皇帝召集大臣商議對策。許多大臣認為不能撤藩，把吳三桂惹怒了他會造反，少數幾位大臣主張為了國家安寧應該乘機撤藩。最後康熙皇帝斬釘截鐵地說：「藩鎮有重兵，遲早都會謀反。不如先發制人，撤了他們！」

康熙下詔同意他們撤藩，撤去藩王們的兵權和爵位。吳三桂弄假成真，氣得暴跳如雷，決定起兵造反。

　　為了籠絡人心，吳三桂脫下清袍，換上明朝的官服，帶了將士到桂王墓前拜祭。他把酒澆地，假惺惺地痛哭一番，說是要起兵為明朝報仇雪恨。人們都記得很清楚，就是他引清兵入關，就是他追殺桂王，滅了明朝，現在居然又是他宣布要反清復明，豈不笑掉人大牙？

　　公元1673年，吳三桂起兵雲南，平南王和靖南王首先響應，駐守在貴州、廣西、四川、湖南、湖北的漢族軍閥也紛紛攻城佔地，響應吳三桂。吳三桂很順利地打到湖南，幾個月的功夫，他的軍隊已佔據了南方各省。一時風雲大變，歷史上稱之為三藩之亂。

　　江南失守的消息傳到朝廷，很多大臣恐慌了，有的要求皇帝殺掉主張撤藩的臣子，向吳三桂求和；有的建議以長江為界，與吳三桂分而治之。果斷的康熙皇帝決定：派**八旗軍**①討伐吳三桂，堅決鎮壓叛亂！

小知識

①**八旗軍**：清代滿族的軍隊編制以旗為號，分正黃、正白、正紅、正藍、鑲黃、鑲白、鑲紅、鑲藍八旗。

二十歲的康熙皇帝很有計謀，他採取軟硬兼施的手法，對三個藩王又分別對待。除了集中兵力對付吳三桂以外，一方面，他派人去向平南王和靖南王勸降，保證既往不咎；另方面調集大軍去攻打，把他們逼得走投無路。不久後果然這兩個藩王就投降了。

吳三桂越來越孤立，力量漸漸削弱，外加雲貴地區又鬧起饑荒來，他的軍餉都成問題。苦戰八年後，他知道自己支持不下去了，最後還想風光一下，竟於康熙十七年三月在衡陽自稱皇帝，國號大周。登基典禮那天忽然變天，颳狂風下暴雨，吳三桂受了風寒，再加上心情憂鬱，以至一病不起，死時六十七歲，只當了五個月的皇帝。

於是，清軍控制了局勢，之後三年內先後收復南方失地，處死了另外兩個藩王。平息了三藩之亂後，清朝才在中國大部分地區建立了穩固的統治。

4. 尼布楚條約

康熙皇帝花了八年的時間削平了三藩，鞏固了清皇朝在西南的統治，接着他轉過頭來，對付北方的侵略者——俄國。

在元朝時，俄國曾被蒙古人打敗，臣服於元朝。元朝衰落後，俄國漸漸強盛起來，脫離蒙古人的統治，並向中國東北部的黑龍江流域擴張勢力。這些進犯的俄羅斯人野蠻又兇狠，殺人放火，搶劫財物，無惡不作。當地居民對他們恨之入骨，稱他們是「**羅剎①**」。

那時，清軍集中兵力在西南平藩，東北的防守比較薄弱。一個俄國逃犯帶了八十四名匪徒竄入**雅克薩②**，在那裏築起堡壘，四出搶掠。那逃犯把搶來的貂皮獻給**沙皇③**，沙皇就赦免了他的罪，並任命他為雅克薩的長

小知識

①**羅剎**：古代傳説中的一種惡鬼，黑身、朱髮、綠眼，食人血肉，飛空或地行。最早見於印度古老的宗教文獻，是一梵文詞。

②**雅克薩**：在今俄羅斯境內黑龍江北岸，與中國的漠河相對。

③**沙皇**：俄國皇帝的稱號。

官留駐在那兒，企圖把雅克薩作為進一步侵略中國的基地。

康熙皇帝怎能容忍沙俄如此肆無忌憚地霸佔自己的領土？他決心要徹底解決東北邊境的問題。公元1682年，康熙皇帝親自到東北去勘察地形，了解情況。他決定增加兵力防守黑龍江地區，並下令當地官員製造戰船，建立城堡，加強戰備。同時，康熙皇帝寫信給沙皇，希望俄軍撤出雅克薩，表示願意和平解決兩國爭端。沙皇不但不予答覆，反而向雅克薩增兵。康熙皇帝見已無和解的可能，便下令進攻。

公元1685年，都統彭春率領陸軍水軍一萬五千人，帶備大炮二百門，戰船百艘，浩浩蕩蕩開到雅克薩城下。俄軍雖只有四百多人守城，但自恃城堡堅固，不肯投降。彭春布置弓弩手在城南土山上向城裏放箭，俄軍以為清兵要從城南進攻，就把兵力集中到城南。誰知彭春指揮炮兵向城北猛轟，又準備放火燒城，俄軍嚇得投降了。彭春按照康熙皇帝的囑咐，把俘虜的俄軍全部釋放，拆毀了雅克薩城堡，帶軍回了璦琿。

俄軍並不死心，第二年又溜回雅克薩，築起更堅固的城堡。康熙皇帝很生氣，決定要好好教訓他們一頓。

於是彭春領兵八千，大炮四百門，再次進攻雅克薩。猛烈的炮火打死了俄軍頭目，剩下一百五十多俄軍困守在城內。沙皇見勢不妙，要求談判，清兵才停止攻城。

公元1689年8月，中俄雙方代表來到黑龍江流域的尼布楚城，開始了具有歷史意義的邊界談判。

那天早上，中國**欽差大臣**①索額圖騎着駿馬，撐着**華蓋**②，俄國的首席代表戈洛文由軍樂團引導，各自帶領四十名隨員和二百六十名衞兵，到達談判地點，分坐在會場的兩邊。

如何劃分國界的討論開始。戈洛文搶先建議：「以黑龍江為界，江之北岸歸俄羅斯帝國，南岸歸中華帝國。」

索額圖反駁説：「黑龍江兩岸一直是我國的領土，世世代代有多個民族在此居住。貴國四十年前才來到，把這些土地強佔。貴國應該把尼布楚、雅克薩等地歸還我國，退回到**色楞格河**③以西的地方去。」

小知識

①欽差大臣：由皇帝派遣，代表皇帝出外辦理重大事件的官員。

②華蓋：帝王或重要官員所乘車馬上傘形的遮蔽物。

③色楞格河：楞，粵音另。發源於蒙古人民共和國，流入俄羅斯貝加爾湖。

雙方各不相讓，第一天的談判毫無進展。根據康熙皇帝的意思，第二天索額圖作出讓步，表示可以尼布楚為界。可是戈洛文不接受，談判陷入僵局。

　　戈洛文雖然固執地堅持着他的無理要求，但是他的內心卻是緊張萬分。因為沙俄軍隊新近在與土耳其作戰時屢屢失敗，元氣大傷，已無力再在黑龍江流域和中國交戰。戈洛文堅持要以黑龍江為界，是想為俄國多爭到些土地回去請賞，其實沙皇給他的第二方案也是讓步到以尼布楚為界。所以戈洛文很怕談判破裂，沒法回去向沙皇交代。

戈洛文正在發愁時，中國代表團的兩名翻譯前來求見。這兩名翻譯本是**耶穌會**①派到中國的傳教士，表面上在中國為皇帝效力，私下也為俄國幹一些竊取情報

小知識
①**耶穌會**：天主教修會之一。該會很早就派傳教士到亞洲、非洲、美洲各地進行傳教活動。

的工作。這次因為中國方面沒有人會講俄語，就請他倆當翻譯。這兩名傳教士偷偷來告訴戈洛文說：「清朝現在為了西北部的部族叛亂而很焦急不安，想快些與俄國訂立和約，可能還會作出一些讓步。可是你們也別太貪心，若是堅持以黑龍江為界，要佔據雅克薩，那是不可能的。」

戈洛文胸中有了底。為了感謝這兩位傳教士的幫忙，他送給兩人貴重的貂皮、銀鼠皮、玄狐皮和美酒。

過了幾天，果然索額圖又稍作讓步，提出以東面的興安嶺和西面的額爾古納河為兩國疆界，但是俄軍必須撤出雅克薩，尼布楚則歸了俄國。戈洛文獲悉額爾古納河一帶土地肥沃，又有鹽湖和銀礦，有利可圖，也就順水推舟同意了。

雙方舉行了隆重的簽字儀式，這個條約就是《尼布楚條約》。根據條約，雖然原屬中國的一些土地讓給了俄國，但是肯定了黑龍江和烏蘇里江流域的廣大地區都是中國領土。因此，在之後長達一百五十年的時間內，這段邊境一直相當平靜。

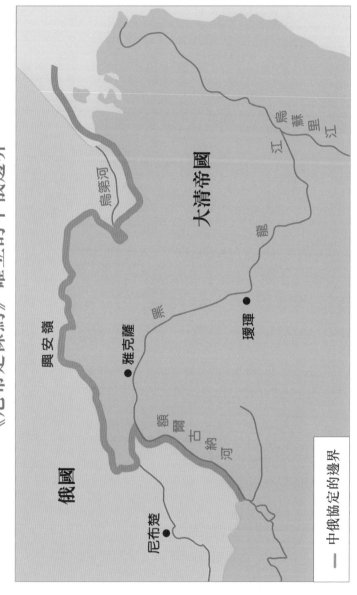

《尼布楚條約》確立的中俄邊界

俄國

大清帝國

興安嶺

烏第河

烏蘇里江

黑龍江

黑

額爾古納河

雅克薩 ●

璦琿 ●

尼布楚 ●

—— 中俄協定的邊界

5. 三征噶爾丹

康熙皇帝急於與俄國簽訂和約，是為了要騰出手來對付西北部蒙古族部落的叛亂。

元朝滅亡後，成吉思汗的子孫退回大沙漠南北，分為漠南、漠北和漠西蒙古三部分。努爾哈赤和皇太極征服了漠南蒙古，設立了**蒙古衙門**①管理。漠北蒙古後來也臣服清朝，每年對清朝有「**九白之貢**②」。只有居住在阿爾泰山以西的漠西蒙古，不肯向清朝屈服。其中一支準噶爾部落本來在伊犁一帶過遊牧生活，自從野心勃勃的噶爾丹當了首領後，兼併了漠西蒙古的其他部落，控制了阿爾泰山地區；又向東進犯漠北蒙古，想佔領廣大漠北。

漠北蒙古抵抗不住準噶爾騎兵的凌厲攻勢，幾十萬牧民逃到漠南，請求清政府保護。康熙皇帝撥出草原給他們放牧，還救濟給他們大量牲畜及生活物資；又派使者勸噶爾丹退回阿爾泰山區，把侵佔的地方退還給漠北蒙古。但是噶爾丹自恃兵力強盛，且有沙俄撐腰，十分驕橫。他非但不退兵，還以追擊漠北蒙古為名，率領十萬大軍進攻漠南蒙古。

康熙皇帝見噶爾丹如此猖狂，決定要狠狠反擊。公元1690年秋，康熙下令兵分左右兩路征討噶爾丹，他親自帶兵駐在長城口外指揮作戰。右路清軍先和噶爾丹軍開戰，不料吃了敗仗。噶爾丹長驅直入，打到離北京只有七百里的烏蘭布通，得意非凡。

康熙命令左路的福全大將軍在烏蘭布通全力反擊。噶爾丹擺出了「駝城」——用一萬隻駱駝，綑住四腳放倒在地上，沿山腳排成一列，駝背上堆了箱子，蒙上濕的氈毯，蒙軍就躲在箱垛後面射箭放槍，阻止清軍進攻。

清軍用火炮猛轟駝城的一段。炮聲隆隆，震天動地，打死了不少駱駝，轟開了一個缺口，清軍的騎兵步兵隨後殺過去，福全又布置人馬繞出山後夾擊，蒙軍大敗。噶爾丹派個**喇嘛**③到清營求和，福全馬上向康熙皇

小知識

①**蒙古衙門**：管理蒙古各部的政府部門，把漠南蒙古分為六盟、二十四部及四十九旗治理。後改為理藩院。

②**九白之貢**：指漠北蒙古每年向清朝進獻一頭白駱駝和八匹白馬。

③**喇嘛**：喇嘛教的僧人。喇嘛教是在中國西藏、內蒙古等地區流行的一種宗教。

帝報告，並派使者到噶爾丹營內，眼見噶爾丹虔誠地向佛像起誓説保證不再侵犯內地。福全便停止了追擊。

康熙皇帝接到報告，知道這是狡猾的噶爾丹耍的花招，立刻下令説：「趕快追擊，別中了敵人的詭計！」命令還沒到達福全那裏，噶爾丹已經帶了殘兵，丟下**輜重**①，拔營逃走了。一路上很多蒙兵病死、餓死，回到漠北老家的只剩幾千人馬了。

為了顯示清朝的威嚴、孤立噶爾丹，第二年康熙皇帝親臨漠北蒙古的多倫，召集蒙古各部落王公開會，並舉行了盛大的閱兵式。那天，康熙皇帝身披金甲，頭戴**高盔**②，騎着馬威武地接受了蒙古諸王及臣子們的

小知識

① **輜重**：輜，粵音之。部隊行軍時由運輸部隊攜帶的
物資，如軍用器械、糧草、營帳、服裝等。

② **高盔**：清朝皇帝大閱典禮時所戴一種特殊的頭盔。

朝拜，又率領眾人檢閱了蒙古各部落的騎兵。康熙皇帝
能用熟練的蒙古語與王公們交

談，又當眾表演箭術，發

箭十支，九支命中靶

心，博得眾人齊聲

喝采。之後，康

熙皇帝又嘉獎

了協助追擊噶爾丹有功的王公，責罰了為噶爾丹通風報信的人。康熙皇帝的風采和辦事作風使蒙古各部落心悅誠服。

康熙隨即把漠北蒙古編為三十七旗治理，並下令在多倫建造供喇嘛教徒朝拜的匯宗寺，他還親筆撰寫碑文紀念是次盛會，立碑在寺內。

噶爾丹在戰敗後表面向清政府表示屈服，實際上並不死心，暗地裏又在招兵買馬。公元1694年康熙皇帝約噶爾丹前來訂立和約，噶爾丹拒絕了，並率領三萬騎兵侵入漠南搶劫滋擾。他還揚言說，他已向俄國借來了六萬**鳥槍**①兵，將大舉進攻內地。

於是康熙皇帝決定第二次親征噶爾丹。這次兵分東、西、中三路夾攻，康熙帝親自率領中路進入沙漠，他和士兵一起吃乾肉、喝馬奶，日夜兼程走了七十多天還沒遇上敵軍。此時，有人傳說俄國將出兵幫噶爾丹作戰，有些大臣就怕了，勸康熙帝回駕。康熙氣憤地說：「我已告祭了天地宗廟，出征後沒見賊兵就回去，叫我如何面對祖宗和百姓？」他下令軍隊直奔噶爾丹所駐的克魯倫河，紮下營後就派使者去約噶爾丹決戰。

噶爾丹起初不相信康熙皇帝會親征到這裏，大笑

説：「哪能來得這麼容易！」但是當他登上山頂一望，見河對岸清營**黃幄龍纛**②，大兵屯集，漫無邊際，軍容整齊，嚇得連夜向西逃去。康熙皇帝派人通知西路軍阻擊敵人，西路軍在昭莫多山上布置好埋伏陣，待噶爾丹來到時前後夾攻，蒙軍死的死、傷的傷，噶爾丹只帶了幾十名騎兵逃脫。康熙皇帝接到捷報很高興，令人在昭莫多山上立碑記述此戰。

此時，噶爾丹的姪子得到清朝的支持，佔領了阿爾泰山以西的地區，噶爾丹回不了老家，就在阿爾泰山東面靠打獵捕魚度日。康熙皇帝派人去勸降，噶爾丹還是不肯。康熙皇帝為了消除後患，就於第二年（公元1697年）第三次親征。噶爾丹的手下見大勢已去，紛紛投降清朝，噶爾丹見眾叛親離，就服毒自殺了。

康熙皇帝下令赦免準噶爾各部以前侵犯內地的罪行，給各蒙古貴族各種封號和官職，令他們回到阿爾泰山以東駐牧。清政府重新控制了漠北蒙古，蒙古地區安定了下來，這是年輕有為的康熙皇帝的又一大功績。

小知識

①**鳥槍**：即火槍，裝火藥和鐵砂的舊式槍。

②**黃幄龍纛**：纛，粵音獨。幄是帳幕，纛是大旗，指清軍的黃色帳幕和畫有黃龍的大旗。

6. 雍正皇帝登位前後

康熙皇帝在位六十一年功績昭著，他削除三藩、收復台灣、掃清漠北、穩定西藏，又治理黃河、減輕賦稅、勵精圖治……可謂一生英明。但是他在晚年卻為一件心事煩惱不已，那就是：在他的眾多兒子中間，選誰來繼位？

康熙的長子允禔*是妃嬪生的，所以沒被立為太子，二子是皇后所生的允礽，皇后生下允礽就死了，康熙皇帝很傷心，也就格外疼愛允礽，在他不到兩歲時就立為皇太子，並親自教他識字讀書，以後又請**大學士**①當他的老師。允礽精通滿漢文字，又善於騎馬射箭，並輔助父親處理政事，得到大家好評。

但是康熙皇帝共有三十五個兒子，除了夭折的以外，還有二十六個。皇位是塊大肥肉，個個都想爭到手。於是，宮裏漸漸傳出了不利於允礽的流言，説他不遵祖訓，暴戾淫亂，無帝王之相，甚至説他想篡奪皇位。康熙起初不信，聽得多了之後竟也被這些流言蒙蔽了，認為允礽是個逆子，把他廢了，禁在宮內。

自此，皇宮裏展開了一場皇位爭奪戰。各位王子

為了想得到皇太子的封號，紛紛拉攏朝中大臣，各結黨羽，排除異己，甚至求神問卜、搬弄是非，搞得宮內烏煙瘴氣。康熙眼見這兄弟相殘的情景，心頭十分鬱悶。

康熙皇帝畢竟年事已高，所以他也時時在考慮讓誰來繼位的問題。在他心目中已有兩個人選，一是四兒子胤禛，二是十四兒子允禵。

四王子胤禛很有心機，善於迎合康熙皇帝的心意，處處討他的歡心。在奪嗣鬥爭中他外弛內張，採取兩面手法——表面上把自己打扮成閒人一個，著文寫詩，逍遙自在，好像與世無爭；暗地裏卻勾結自己的舅舅、**理藩院尚書**②隆科多，以及康熙皇帝信任的大將年羹堯，密鑼緊鼓地策劃奪位。

小知識

①**大學士**：在清朝是文臣最高的官位。

②**理藩院尚書**：理藩院是清朝統治蒙古、回部及西藏等少數民族的最高權力機構，是皇太極（清太宗）於 1636 年創立。尚書為古代官名，明清兩代時，是政府各部的最高長官。

*注：康熙皇帝的兒子的名字本以「胤」字排行，雍正皇帝（胤禛）即位後，其皇兄弟為避名諱，把「胤」字改為「允」。

十四子允禵是諸王子中間比較有作為的一個，是胤禛的同母弟弟。他被康熙皇帝任命為**撫遠大將軍**①，率兵西征準噶爾，在平定新疆、蒙古、西藏的戰役中都立了功，深得父王的信任與器重，很多人都認為康熙皇帝會傳位給他。

康熙六十一年十月，康熙皇帝在南苑打獵時受了風寒病倒了，他便宣布自己到西山去「靜養齋戒」，派四子胤禛去南郊代行**冬至**②祭天大禮。康熙皇帝養病期間處於與外界隔絕狀態，只有隆科多侍候在他身邊。

十一月十二日晚，康熙皇帝的病情突然惡化，一說是隆科多串通內侍在藥品或食物中下了毒的緣故。藥性發作後，康熙皇帝仍有知覺，便要隆科多傳旨召回十四子允禵。可是他舌頭已不靈活，説出「十」字之後，停了一會兒才説出「四子」二字，隆科多就派人去召回皇四子胤禛。康熙皇帝見來到的不是十四子，而是四子，氣得把手中的玉唸珠向四子胤禛扔過去，不久就氣絕身亡。

隆科多把諸位王子召了回來，當眾宣讀詔書，宣布皇四子胤禛繼帝位，並以胤禛手中玉唸珠為證，説明確是康熙之意。諸王子聞詔，猶如晴天霹靂，有的怒不

可遏，有的目瞪口呆，但都無可奈何，只得眼巴巴地看着四阿哥登上皇帝寶座，這就是雍正皇帝。

又有一說是，康熙皇帝臨終在遺囑上寫的是：「傳位十四子」、被胤禛和隆科多偷偷把「十」字改為「于」字，成了「傳位于四子」，這巧妙的一字之差，使胤禛登上了皇位。

雍正皇帝登位後，深恐人心不服，便重用年羹堯等人，專門為他監視和刺探臣民，凡有口出怨言、略表

小知識

①撫遠大將軍：清朝武將職位，平時不設，遇到重大戰事時才臨時任命。權力極大，是前線領兵作戰的最高統帥。擔任此職的一般是皇帝的兄弟、兒子，或是絕對信任的朝廷重臣。因是臨時編制，沒有品級，但實際地位高於一品大官。清朝曾經有過九位撫遠大將軍。

②冬至：中國農曆二十四節氣之一，在十二月二十二日前後，這一天北半球白天最短，夜間最長。天文學上規定冬至為北半球冬季開始，農業上要進行防凍、積肥、深耕及保護耕畜安全過冬。故古代君主都要在冬至日祭天保平安。

不滿的，就以種種藉口加以鎮壓。同時，他對自己的兄弟們毫不留情，一心要鏟除這些眼中釘。雍正皇帝最擔心的是手握重兵的十四弟允禵，就以奔喪為名，令允禵立即回京，改由年羹堯接替做撫遠大將軍，調允禵去督造皇陵，實際上是剝奪了他的一切權力。對其他的兄弟，有的禁錮，有的革爵，有的收買，有的索性害死。

清除了內患後，雍正皇帝一不做二不休，對協助他登上皇位的功臣隆科多和年羹堯也先後下了毒手，以免他們日後洩漏機密。他先是降了年羹堯的職，後又逼他自縊；再以庇護年羹堯的罪名逮捕了隆科多，將他終身監禁。

雍正皇帝在位的十三年中，繼續按照康熙皇帝的國策辦事，在平定邊疆和發展經濟方面都做出了很大成績。但是正因為他的皇位來得不易，因此特別專權。雍正皇帝自己獨攬全部大權，國家大事不容大臣們插手；對稍不合意的王公大臣就罷官、抄家、殺頭。雍正皇帝的手段毒辣、政治嚴苛，在清朝皇帝中是出了名的。

失落皇帝寶座的皇十四子

傳說康熙第四子胤禛是用不光彩的手段登上王位成為雍正皇帝的，本來大家都看好康熙的第十四子允禵（1688-1755 年），他最終成了爭奪帝位的犧牲品。

允禵原名胤禎，從小才能出眾，聰明過人，康熙皇帝很喜歡他，常常帶他出巡各地，生活上也給他一家特殊優待。胤禎人品也極好，他公允正直，敢說敢為。有一次康熙憤怒斥責八子企圖謀害兄弟，胤禎挺身而出說保證八阿哥不會如此做。正氣在頭上的康熙差點舉刀要把他也殺了，但事後卻覺得胤禎對兄弟很有情義，更加寵愛他。康熙的另一個兒子曾經說：「胤禎聰明絕頂，才德雙全，我們兄弟都不如他。」

康熙五十七年（1718 年），胤禎被任命為撫遠大將軍出征青海，康熙非常重視他，給他以天子親自出征的規格，起程時舉行了隆重的歡送儀式。康熙還特地下旨給青海的王公，說皇子胤禎是良將，掌握生殺重任，要他們大小事項都要像聽取皇上訓示那樣服從他。由此可見胤禎在康熙心中的地位。

　　胤禎到達駐防地後要統領八旗、綠營（由漢人組成的軍隊）三十多萬人馬，面對錯綜複雜的軍務，他指揮若定，調度部隊，安撫各少數民族，徹底平定了西藏叛亂，因此威名遠揚。康熙下令立碑紀念，並賞賜給他十萬兩銀子。

　　雍正皇帝不明不白登位後，生怕胤禎奪位，在康熙去世的第二天就派有貴族爵位的延信去胤禎的駐地，取消他的撫遠大將軍位置，並要延信立即把胤禎的所有奏摺和康熙的所有諭旨都密封送回來，企圖毀滅足以證明康熙有可能傳位給胤禎的一切證據。胤禎得知此消息後十分悲憤。他回到京都後見到雍正皇帝不肯下跪，這又成了他的一大罪狀。

　　雍正皇帝即位後，為避名諱，他的皇兄弟們都把「胤」字改為「允」，所以胤禎改名為允禵。雍正皇帝把允禵軟禁在清東陵監督建陵和守護皇陵，不准返京；三年後又革除他的所有王爵位，押回北京，囚禁在景山壽皇殿裏。直到乾隆皇帝即位不久，才下令釋放允禵，他後來被封爵晉王，並擔任正黃旗漢軍都統，但此時他已年老，不能有所作為了。

　　康熙皇帝究竟本意想傳位給誰？這是歷史上一個千古之謎，而史學界對於雍正皇帝是否篡位亦未有共識。設想一下，假如當時康熙皇帝傳位給胤禎，清朝乃至中國的歷史恐怕就要重寫了。

5

7. 殘酷的文字獄

中國古代文人認為讀書人求學問是要知書識禮，這「禮」是指做人應有的禮節和道德，其中很重要的一點是愛國的操守，認為讀了書，有了學問就應效忠國家和君主。因此，當清人作為異族來統治中國，許多漢族文人心懷抗拒，不能接受這一事實。

清朝統治者知道自己是少數民族，無論是在經濟上或文化上都比漢族落後，深怕漢族文人看不起他們，不好統治，於是一方面努力學習與吸收漢族文化，另方面對漢族文人採取籠絡與鎮壓並重的政策，企圖拉攏他們為清朝服務，並消滅其中的異己份子。

康熙皇帝曾下令開設**「博學鴻詞」**科①，要朝廷大臣和地方官員推薦有學問的文人來做官，果然吸引了全國不少文人來京城。但還有部分文人不為高官厚祿所

小知識

① **「博學鴻詞」科**：臨時設置的考試科目，始於宋高宗。清康熙及乾隆年間曾兩次舉行。先由內外大臣薦舉，定期在殿廷考試，錄取者授以翰林官。

動，寧死也不肯屈服。其中最有名的是「清初三儒」黃宗羲、王夫之、顧炎武，他們**高風亮節**①，寧願隱居，專心研究學問，不為清朝的威逼利誘而動心。清政府對這些受人們敬崇的前朝**遺民**②也奈何不得。

更有一些讀書人用各種辦法來反對滿清。他們有的寫詩作文發洩不滿，有的秘密集會或私下教導學生，希望能發動更多漢人起來反抗清朝。清政府當然不會放過他們，對文人們寫的詩、詞、文章特別注意，只要從中找出一些似是而非的文字，就說他是影射皇帝、嘲諷朝廷、有造反思想，要處以死刑。不僅寫文章的人被殺，連同他的妻子兒女、親戚朋友，甚至印書、刻書、賣書、買書和贈書的人，都被牽連受罰。

清朝最早的**文字獄**③出現在康熙二年。浙江湖州有文人私自召集一些文人編刻了一部《明史》，書中有指責滿族的字句，還使用了南明的年號。有官員向朝廷告發，這時這位文人已經死了，朝廷仍下令嚴辦，竟然開棺鞭屍，還把他的兄弟、兒子、姪子，以及為書寫序言的、刻印的、校對的和買賣及收藏書的共七十多人全部處死，另有幾百人被牽連而充軍外地。

康熙五十年，又有人告發說翰林官戴名世在自己

的文集裏同情南明政權，使用永曆帝的年號。朝廷馬上把他逮捕，判了死刑，受此案牽連的有三百多人。

雍正皇帝即位後，文字獄更多更嚴重。他猜忌心重、殘暴成性，時常懷疑別人不服他當皇帝，抓到一些蛛絲馬跡便狠狠懲罰。雍正四年，禮部**侍郎**④查嗣庭到江南主持科舉考試，他出了一道考八股文的試題「維民所止」。這本是古書上的一句話，但清朝廷卻硬說「維」和「止」正好是「雍正」兩字去了字頭，說明查嗣庭想砍雍正皇帝的頭，馬上把他抓進牢裏。查嗣庭欲辯無詞，氣得病死在獄中。雍正皇帝還不放過他，下令戮屍示眾，又把他的家屬流放到外地去。

雍正皇帝迫害文人的案件中，最出名的要數是呂留良事件了。呂留良是清初的著名學者，是位思想家。

小知識

①**高風亮節**：形容人有高尚品格和堅貞不屈的氣節。

②**遺民**：改朝換代之後仍然效忠於前一朝代的人。

③**文字獄**：舊時統治者迫害知識分子的一種冤獄，故意從作者的詩文中摘取字句，羅織成罪，把人關進監獄。

④**侍郎**：官名，為各部長官之副。

他不肯到朝廷做官，就剃了頭出家當和尚。他躲在寺院裏寫了一些書闡述自己的思想。他稱明朝是本朝，清朝是北朝，認為清人是「夷」，主張分清「華夷之別」，把夷人趕跑。這些反清的內容在那時當然是大逆不道的，好在書沒有流傳出去，不久呂留良也去世了。

後來有個湖南文人曾靜偶然讀到呂留良寫的文章，很是敬佩，便跑到呂留良的老家浙江去搜集他的其他著作。呂留良的兒子和學生為曾靜的熱忱所感動，就把呂留良的遺著全都送了給他。曾靜回到湖南後，用呂留良的思想教導自己的學生，一個名叫張熙的學生聽後很受啟發，想找一位掌握兵權的人共謀大計。他打聽到川陝總督岳鍾琪是岳飛的後代，便主動去見他，對他說：「將軍與清人是世仇，您手裏有兵馬，正是替岳王報仇的好機會啊！」

岳鍾琪當上了清朝的大將，根本不想學祖宗岳飛抗金，便馬上翻臉，把張熙抓起來審問他是什麼人指使的。張熙死也不說。岳鍾琪就改變策略，假裝說以前的審問不過是試探，他決心起兵反清，問張熙應該如何行動。張熙上了他的當，說出了與老師曾靜密謀的事。岳鍾琪連忙上奏報告雍正皇帝。結果不僅曾靜、張熙、呂

留良的兒子和學生全部
被滿門抄斬，就連死了
的呂留良也不能幸免，
刨了他的墓，劈了他的
棺材，鞭屍示眾。岳飛在九泉之下絕沒想到他的後代竟
做了金人後代的爪牙，成了殘害無辜忠良的劊子手！

　　到了乾隆年間，文字獄有增無減。朝廷規定詩文
中不能出現「夷」、「胡」、「狄①」等字眼，否則
就是攻擊清朝，就要殺頭。很多文字獄完全是捕風捉
影，牽強附會的，如把「壺兒」說成是影射滿人的「胡
兒」，把「去清都」解釋成「想推翻清朝」。一個翰林
官把「陛下」不小心寫成「狴②下」，連性命也送掉！

　　如此觸目驚心的文字獄使文人學士採取避世的態
度，學術思想越來越僵化，加上雍正皇帝把外國傳教士
驅逐出境，中斷了中國與西方世界的接觸。此時西方國
家正處迅速發展階段，於是中國就漸漸落後了。

小知識

①狄：中國古代對北方少數民族的稱呼。

②狴：即狴犴，粵音敝岸。傳說中一種形似虎的走獸，
　　　古代常把它的形象畫在牢獄的門上。

清初三儒

　　清初三儒是三位非常了不起的人物，他們不僅隱居研究學問，是明末清初三大思想家，而且身體力行參加反清的軍事行動，是注重氣節的士大夫代表。

　　王夫之（1619-1692年）是湖南衡陽人，他精通天文地理、曆法、數學，當時已是一位有名的思想家和哲學家。他與好友在衡山組織武裝抗清活動不成功，便去肇慶投奔南明朝廷，聯絡志同道合的大臣商議抗清復明。但他見到朝廷步步潰退，自己亦遭人誣陷，非常失望，辭官回老家，隱姓埋名，誓不剃髮投降清朝。吳三桂起兵反清，曾請王夫之為他寫《勸進表》，王夫之嚴詞拒絕，不屑與漢奸為伍，逃入石船山著書立說，後人也稱他是「船山先生」。後來清朝也多次上門送禮力誘他出山做官，他堅決不受，表現了高度的民族氣節。他為後世留下一百多篇名文，篇篇綻放着智慧的火花。他堅持由宋人張載提出的「為天地立心，為生民立命，為往聖繼絕學，為萬世開太平」，加上其堅貞不屈的愛國情懷，對後來清末主張變法的維新派有很大的影響力。

　　黃宗羲（1610-1695年）是浙江寧波餘姚人。父親是明

末正直的東林黨人，被奸臣閹黨害死。他遵從父親遺命苦讀史書研究學問，學識淵博，精通天文曆算、音律、地理等。他曾因參加對閹黨的鬥爭而坐牢，清兵南下時也曾組織武裝抵抗。明朝滅亡後，康熙皇帝兩次詔令他進京，他都拒絕，隱居著書五十多種，三百多卷，提出「天下為主，君為客」的民主思想，主張以「天下之法」取代皇帝的「一家之法」，限制君權，保證百姓的基本權利。他開創了新思潮、新學風，對中國傳統哲學具有重要意義。

顧炎武（1613-1682 年）是江蘇蘇州昆山人，為傑出的經學家、音韻學家、思想家和史地學家。他自小用功讀書，但清軍進犯昆山時投筆從戎，參加抗清義軍。後任職南明朝廷，兩次反清失敗後被捕入獄。經友人營救出獄後專注學問，他反對為選拔官員而舉辦的科舉考試制度，認為它束縛了思想的發展。他研究經典重視考證，開創新的治學方法，成為清初一代宗師，被譽為「清學開山始祖」。他的語錄廣為傳播，句句是金石之言，如關於學習方法的「以興趣始，以毅力終」、「人之為學，不可自小，又不可自大」、「人之為學，不日進則日退；獨學無友，則孤陋而難成；久處一方，則習染而不自覺」；關於品行的「不廉則無所不取，不恥則無所不為」、「天下興亡，匹夫有責」、「人生富貴駒過隙，唯有榮名壽金石」。

8. 乾隆皇帝六下江南

雍正皇帝死後，他的第四個兒子登位，年號乾隆，人們都說乾隆皇帝是中國歷史上最有福氣的一位皇帝，因為他一生下來就受到祖父和父親的寵愛，是個無憂無慮的王子，二十五歲那年又順利地當上了皇帝。他即位時，清朝的文治武功都達到鼎盛時期，國力強盛、財政富裕。乾隆決心要比父輩做得更好，果然，他在位六十年間，曾做成了好幾件大事。

武功方面，乾隆平定了新疆和西藏的叛亂，討伐過緬甸，降服了**安南國**①，清朝是中國歷史上除了元朝以外疆域最大的一個朝代。

文治方面，乾隆繼續招收文人學者到朝廷做官以籠絡人心；同時，為了分散文人反清復明的心思，他下令動用全國著名學者，編輯了一套規模空前的大叢書——《四庫全書》。三千八百多人耗時十年，收集了全國各地從古至今的藏書三千四百七十五部，分為經、史、子、集**四庫**②，用手抄成七份，分別存放在全國七個地方供人查閱觀看。這項工程，被認為是繼修築萬里長城和開挖大運河之後的中國古代第三大工程。在編纂

過程中，雖然原書中對清朝或清朝歷代皇帝有所譏謗或不滿的文字全被刪去或改掉，也有不少書被燒毀，使傳統文化有所損害；但此舉畢竟整理和保存了中國古代文化遺產，方便後人的研究工作，在這一方面，文人們都認為乾隆是千古大功臣。

正因為乾隆皇帝養尊處優、生活安逸，所以他不大知道珍惜財物的重要。充裕的國庫為他提供了享樂的方便，他生活豪華，花錢奢侈，在位期間六次巡遊江南就是一個明證。乾隆皇帝下江南自有他的政治目的——了解各地的政績，顯示朝廷及帝王的威嚴，促進滿漢兩族的聯合；與此同時，也是為了到秀麗的江南去遊山玩水享受一番。

乾隆十六年（公元1751年）正月，乾隆皇帝第一次南巡。他帶領隨從二千多人，乘坐一千多艘船，到河

小知識

①**安南國**：即今之越南。

②**四庫**：中國古代常把圖書分為四大類，集中貯藏起來：經部，包括儒家的經典著作和研究文字音韻的書；史部，包括歷史、地理、傳記等書；子部，包括諸子百家學說和科技著作；集部，包括文學的總集和專集等。

北、山東、江蘇、浙江四省巡視，指示要興修水利、植樹固堤。在蘇州和杭州兩地，乾隆下令內閣對當地文人進行考試，選拔精英賜以舉人之稱，爭取到了一批江南文人學士為朝廷服務。

六年後，乾隆皇帝第二次南巡。在蘇州時，他發現當地優秀人才很多，便諭令內閣增加江蘇、安徽、浙江三省中試人的名額。在杭州，乾隆帝檢閱了水師操練，不滿意**綠營**①漢兵演奏簫管細樂，下令軍中一律用鉦鼓、銅角；並不許軍內長官坐轎，要一律騎馬。

五年後，乾隆皇帝第三次出巡江浙。他巡視並籌劃了浙江的海塘工程，並接見多名漢族文人學者，與他們切磋學問。

第四次南巡是在乾隆三十年。乾隆帝在蘇州住了些日子，沿運河到了浙江，觀看了著名的**錢塘江大潮**②，對海寧的海塘工程再次作指示。因皇太后年事已高，乾隆帝不便再作遠遊，所以南巡暫停。

乾隆帝的第五次南巡是十五年以後的事了，那時他已是七十歲的老人，但仍視察多處水利工程，並作出指示。

第六次南巡是在乾隆四十九年，皇帝所帶隨從共

二千五百多人。乾隆帝在山東拜祭了孔廟和周公廟，又一次在海寧觀潮，並將剛編好的《四庫全書》中的三部分別藏於揚州大觀堂的文匯閣，鎮江金山寺的文宗閣、杭州西湖孤山的文瀾閣。

乾隆皇帝在六次南巡中，雖也作了不少好事，但因他生性揮霍，手下官員為投皇帝所好，也就鋪張浪費、大擺排場了。每次南巡，從北京到杭州，途中共建**行宮**③三十處，要搭黃布城和蒙古包帳房；道路要清塵，碼頭上統統鋪上棕毯。御舟行駛的運河兩岸搭滿戲台、彩棚，岸上有騎兵保駕，並有青壯年民工和年輕婦女為御舟拉縴。

在揚州、蘇州、杭州等城市，地方官員和富商們為了接駕更是挖空心思地露富擺闊。大街上鋪上錦毯，路兩邊掛起綢帳，設立香案。行宮布置得富麗堂皇，

小知識

①**綠營**：清代由漢人編成的分駐在地方的武裝力量，用綠旗作標誌。

②**錢塘江大潮**：也叫錢塘潮、海寧潮。浙江省杭州灣錢塘江口的湧潮，波濤洶湧，有如萬馬奔騰，成為自然界之壯觀。

③**行宮**：供帝王出京後臨時居住而建造的宮殿住宅。

就連痰盂都是用銀絲鑲嵌而成的。聽說有一次乾隆在揚州遊覽大虹園時讚歎說：「此處景色優美，甚似南海，可惜缺了一座喇嘛塔。」陪同接駕的鹽商領袖江某馬上出高價買到喇嘛塔圖樣，連夜在園內造了一座喇嘛塔來博得乾隆的好感。乾隆皇帝十分高興，馬上召集鹽商賜宴，賞給他們每人**頂戴**①一級。

小知識

①頂戴：清朝區別官員等級的帽飾，通常皇帝可賞給無官的人某一等級的頂戴，也作「頂帶」。

乾隆帝每到一地，還要對嬪妃、臣僚和當地官員賜宴、行賞，每人賞銀一、二兩至五、六百兩。因此乾隆帝的六次南巡花費巨大，把父輩留下的財富花得所剩無幾！而且上行下效，官員們也奢侈腐化，清皇朝的風氣漸漸變得奢靡，國力也就漸漸衰落下去了。

　　乾隆皇帝一生順利，沒有遇到什麼挫折，他對自己的能力和命運也充滿自信。乾隆帝曾把自己十分得意的十次戰役稱為「十全武功」，更驕傲地自稱是「十全老人」，意思是說他所做的事都是十全十美的。可是，世界上哪有十全十美的完人呢！清朝在乾隆年間達到鼎盛時期，在乾隆末年就開始走下坡，越來越不完美了！

9. 曹雪芹寫《紅樓夢》

清代和明代一樣，是中國古典小説發展的高峯期，優秀作品除了《聊齋志異》①、《儒林外史》②以外，還有一部世界聞名的現實主義作品《紅樓夢》，它的作者、多才多藝的曹雪芹，有着傳奇般的一生。

曹雪芹的祖先是東北遼陽地區的漢族人，後來成了滿族正白旗的「**包衣**③」，隨清朝皇帝打進關立了功。他的曾祖母是康熙皇帝小時候的保姆，祖父曹寅是太子的伴讀，所以康熙皇帝對曹家十分信任，親政後委任曾祖父曹璽為江南**織造官**④，長駐南京。曹家三代共四人承襲織造官達六十年，成為清朝新貴族。

曹雪芹生在豪門，集萬千寵愛於一身。他的吃穿用品都是奢華無比，單是侍候他的奴婢就有三、四十個。曹雪芹從小聰明伶俐，四、五歲時就會背誦《全唐詩》。因為家中藏書豐富，他從小養成愛讀雜書的習慣，書讀多了，視野也就開闊。他看不慣滿口仁義道德、實際上不仁不義、男盜女娼的長輩父兄，對被壓迫的底層百姓寄予無限同情。他常常和家中的姐妹一起吟詩作畫，猜謎喝酒，沒有男尊女卑的封建思想，對侍候

他的奴婢也平等相待。稍大些後，曹雪芹的父親送他進學堂唸四書五經，望他日後科場揚名，光宗耀祖。但是曹雪芹厭惡呆板無味的學堂生活，無心讀書，為此常遭父親打罵。他的知心表妹小紅很理解他支持他，常來安慰他。曹雪芹常向她感歎：「為什麼我生在這侯門公府之家，一點行動的自由也沒有！」

康熙皇帝的兒子們爭奪皇位時，曹家沒有支持四兒子胤禛（即日後的雍正皇帝）。雍正登位後懷恨在

小知識

① 《聊齋志異》：蒲松齡作的短篇小說集，以談狐說鬼的形式，揭露現實和官場的黑暗，批判科舉制度和舊禮教，描繪青年男女真誠相愛的故事。

② 《儒林外史》：吳敬梓作的長篇小說，刻劃人們利慾薰心的醜惡面貌，揭露封建社會的腐朽，對自食其力的人予以同情，是中國古典諷刺文學的傑作。

③ 包衣：滿族語，家奴的意思，為滿族貴族所佔有。

④ 織造官：隸屬於內務府織造衙門的官員，清朝分別派駐在江寧（今南京）、蘇州和杭州，自設機房織造各項絲織品以供皇室消費，兼管機務、徵收機稅等。

心，藉口曹家貪污公款，罷官抄家，十三歲的曹雪芹隨父母回到北京，結束了在江南的豪華生活。

家道中落使曹雪芹看透了政治的黑暗，他輕視功名利祿，常常逃學，到茶館去聽戲，與戲子交朋友，為他們寫劇本上演。他那離經叛道的行為惹得他父親十分生氣，把他鎖在家中不得外出三年，又分別為他和小紅尋媒配婚，拆散了這恩愛的一對。小紅因此而鬱鬱死去，曹雪芹知道這消息後心中十分悲憤。

後來，曹雪芹被派到一所**宗學**①裏任教，他不喜歡那拘謹刻板的生活。曹雪芹多才多藝，琴棋書畫樣樣精通；個性豪放磊落，喜好交友，只要脾性相投，不論出身高低，他都視為知己。所以他的朋友很多，其中王室世孫敦敏、敦誠兄弟更與他十分知心。他們一起談論詩文，曹雪芹常為他們介紹江南的風土人情、官場的腐敗，和以前自己家族的生活。一天，敦氏兄弟向他建議道：「以雪芹兄這樣的奇才，何不把這些趣事寫成一部書？」曹雪芹歎道：「我早就有此想法。奈何家境困難，不得不當差糊口，故一直未能如願。」

敦氏兄弟一向仰慕曹雪芹的才華，表示願意出力資助他寫書。於是曹雪芹辭去了宗學的職務，立刻動手

寫起書來。他說：「人家都說我像石頭一樣冥頑不化，我就寫部《石頭記》吧！」

　　曹雪芹的家境越來越困難。北京城內的祖產被賣了，只得搬到鄉下，在西山腳下一個小山村裏住下，全屋的家具只是一張舊牀、一張桌子和一張破板凳。全家靠一些**旗人口糧**②和他賣字畫的收入維持生計，常常只能喝粥充飢。有朋友來訪，他就去小酒店賒賬打點酒來招待客人。敦氏兄弟時時資助他一些錢糧，支持他寫作。曹雪芹沒錢買紙時，就利用廢紙，甚至連**皇曆**③也拆了訂成本子用。苦幹十年以後，曹雪芹寫成了八十回，他重新校訂了一次，並改名為《紅樓夢》。那年是乾隆二十八年，北京郊區流行痘疹，他的兒子不幸染上，因無錢醫治而死去。曹雪芹受不住喪子的打擊，傷心過度，於那年的除夕晚病逝。

　　《紅樓夢》寫貴族大家庭賈府從興盛到衰落的故

小知識

①**宗學**：中國古代皇族子弟學校，宗室子孫在此學習語言文字、經史文藝，並重騎射。

②**旗人口糧**：清政府規定，隸屬八旗的旗人回鄉後，每季只供應一石米和十兩銀子。

③**皇曆**：也叫黃曆，排列月、日、節氣等供查考的曆書。

事，賈府和當地的史、薛、王三家是橫行一方的四大家族，他們魚肉百姓，驕奢淫侈，家中姑嫂兄弟明爭暗鬥、互相傾軋；一羣純真聰慧的奴婢喪失人身自由、備受凌辱欺負。賈府的公子賈寶玉和他表妹林黛玉是一對不同凡俗的青年，他們不滿現實，互為知己。他們想擺脫舊禮教的束縛，卻受到各方面的迫害和摧殘。林黛玉受盡歧視，害病死去；賈寶玉發現被騙與薛寶釵成婚後離家出走，最後看破紅塵出家當和尚。賈府最後也分崩離析，如一座腐朽大廈般倒塌了。

這部小說雖不完全是曹雪芹的自傳，但是他把自己的閱歷、信念、才華全都灌注進去了。在書中他抨擊諷刺當時社會的腐朽和罪惡，對被壓榨的婦女和勞動階層充滿同情，又表達了年輕一代對封建禮教的反叛和對自由、平等的追求。全書規模宏大，結構嚴謹，語言流暢、優美生動；並塑造了很多栩栩如生、膾炙人口的人物形象。這部小說具有高度的藝術性和思想性，達到了中國古典小說的最高峯。在當時就以手抄本形式傳開了，轟動一時，據說當時京都幾乎家家戶戶的案頭都有一部《紅樓夢》，人人爭相閱讀，甚至有「不熟讀《紅樓夢》，讀破詩書也無用」的說法呢！

有的同學覺得《紅樓夢》只是一個三角戀愛故事，看了一些就看不下去了；但有些人卻捧為至寶，百看不厭。究竟應該怎樣評價這部書呢？

　　賈寶玉和林黛玉及薛寶釵的戀愛婚姻悲劇是《紅樓夢》的故事中心，但作者的高明在於他不是簡單地敍述這一悲劇，而是從人物的思想性格深處、從人與人之間的微妙關係上着手，挖掘出造成悲劇的社會根源，描繪出當時腐敗頹廢社會的景象，它的內涵意義是非常豐富的。另外，書中有很多關於佛教、道教、儒家的思想，反映當時的政治禮教、社會生活、經濟與文化情況，包羅萬象，從皇宮朝廷寫到鄉村農婦，上自詩詞文章、琴棋書畫、醫卜星象、亭臺建築，下至服裝首飾、飲食藥物、賭博雜技……無一不涉及，都有細緻的描述，所以《紅樓夢》也被評為剖析封建社會的百科全書。有人說：不僅要把它當作小說看，而且要當作歷史看，作者寫的是很精細的社會歷史。

　　在《紅樓夢》第一回的「作者自云」中，曹雪芹說了他是怎麼想動筆的。他說當時他流落在北京西郊，碌碌無為，回想起在南京的繁華生活，想起家中一羣純真、才華橫溢的女孩，覺得自己不如她們，少壯不努力，現在一事無成，就想把這些女孩的事跡寫下來，為她們立傳，不讓她們在世間

湮沒。一旦提起筆，思如泉湧，就寫出了這些動人的故事，展示了這羣少女的青春生命和被毀滅的悲劇。作者的語言文字代表了中國古典小說語言藝術的高峯，僅用三言兩語就勾畫出具有鮮明個性的人物形象，「金陵十二釵」個個栩栩如生。《紅樓夢》亦留下不少歇後語，例如：劉姥姥進大觀園——大開眼界、少見多怪；劉姥姥出大觀園——滿載而歸；坐山觀虎鬥——坐收其利；狗咬呂洞賓——不識好人心；小葱拌豆腐——一清二白。

《紅樓夢》以豐富的內容、曲折的情節、深刻的思想、精湛的文字，成為中國人不可不讀的經典巨著。它的藝術魅力足以使它躋身於世界文學之林而毫不遜色，已被譯成英、日、德、法、俄、意、匈、越、韓等多國文字流傳全世界，各國有許多學者研究這部巨著，人們把這門學問叫做「紅學」。

10. 白蓮教起義

　　乾隆皇帝在位六十年。他晚年重用一名叫和坤的**校尉**①，提拔他當了大學士，並把女兒和孝公主嫁給和坤的兒子。和坤跟皇帝攀了親家，加上自己已列首輔宰相之位，顯赫至極，便暴露出貪財的本色，不好好幫皇帝治理國家，卻利用職權大肆搜刮財富，侵吞各省進貢獻禮的珍品，還接受賄賂、公開勒索、暗中貪污，弄得朝廷大小官員貪贓枉法，搜刮民財來討好和坤。和坤掌權二十年，清皇朝十分腐敗。公元1796年嘉慶皇帝即位，其後制裁了和坤，抄了他的家，賜他自盡。但是由於地方官吏貪污橫行，百姓已是怨聲載道，就在這一年爆發了**白蓮教**②的起義。

小知識

①**校尉**：軍職之稱，本略低於將軍，唐以後成為低級武官之稱號，明清時把衛士也稱作校尉。

②**白蓮教**：也叫白蓮社，混合佛教、明教、彌勒教的秘密宗教組織，起源於宋代，元明清三代時，常為農民作為組織鬥爭的工具，如元朝的紅巾軍大起義。明初下令禁止白蓮教，但三百年間仍在民間流行，清代時又叫清水教、八卦教、天理教。

在此之前，白蓮教在湖北、河南一帶盛行。他們宣傳說清朝快要滅亡，會出現一個新世界，入教的人都會分到土地，因此許多貧困的農民紛紛加入。白蓮教組織在乾隆中期以後空前壯大，在各地影響很大。

朝廷接到這些消息後十分恐慌，下令各省官府對白蓮教徒進行大逮捕和大屠殺。負責捉拿的地方官吏趁機敲詐勒索，他們挨家挨戶查問是不是白蓮教徒，只要出一筆錢孝敬他們，便平安無事；拿不出錢的就被抓進牢裏嚴刑拷打，按白蓮教徒處刑。武昌有個官員羅織罪狀迫害村民，幾千人受到株連；他又用酷刑折磨犯人，甚至用鐵錘猛砸犯人，並用鐵釘把犯人在牆上活活釘死，百姓們被迫得家破人亡，走投無路，對官府切齒痛恨，越來越多人參加了白蓮教。

乾隆五十九年，白蓮教首領劉之協在河南被捕，在押送途中他乘機逃脫，潛入湖北襄陽，與當地白蓮教首領齊林等人商量對策。大家都說：「官逼民反，民不得不反，索性起來造反吧！」他們決定在嘉慶元年的元宵節那夜，趁百姓觀燈、官兵疏於戒備之時發動起義。不料消息走漏了，官府捉了齊林等一百多個教徒，砍了頭，並把頭懸掛在襄陽縣城的北門示眾。

齊林的妻子王聰兒也是白蓮教的首領之一，有一身好武藝。她在教徒的掩護下幸免於難，她削髮扮作尼姑，隱藏在城郊的一個尼姑庵中。白蓮教徒並沒有氣餒。三月間，湖北、四川、陝西等地的白蓮教紛紛起義。襄陽的教徒共同推選王聰兒為首領，宣誓起義。

王聰兒決心繼承夫志，為夫報仇。她率領一萬多名身穿**縞素**①的白蓮教徒，把襄陽的泥土灑到酒裏，飲酒盟誓：「有患相救，有難相死！」「興漢滅滿，為天承運！」人們並剪去辮子，表示與朝廷抗爭到底的決心。

王聰兒身穿白衣褲，頭紮白巾，騎銀鞍白馬，手持雙刀，武藝超羣又驍勇善戰。她把起義軍編為五個營攻打襄陽和樊城，又轉戰河南、陝西、四川，很快發展成一支四、五萬人的隊伍。他們到處打擊官府，嚴懲貪官污吏，各地白蓮教徒紛紛響應，把清軍打得落花流水。

小知識

①**縞素**：指白衣服，即喪服。

嘉慶二年，王聰兒率領襄陽起義軍，成功援救四川白秀山被圍的起義軍，幾路起義軍勝利會師，連營三十里，氣勢磅礴，號稱百萬大軍。此時白蓮教已威震川、鄂、陝、甘、豫五省，經過整編後威力更強。

　　清朝廷大為恐慌，撤了一些辦事不力的官員，嚴厲督促各地集中兵力圍剿王聰兒起義軍。他們採用了一條惡毒的計策：要各地的地主組織武裝民團、修築碉堡。起義軍一來，就把百姓趕到碉堡去，這樣起義軍得不到羣眾的援助，糧草供應也成問題。如此，起義軍的處境日益困難，王聰兒攻打西安失利，撤回湖北時陷入政府軍的包圍之中，在茅山突圍不成，王聰兒帶頭跳下山崖殉身。之後，起義軍仍未停止鬥爭，政府軍費盡力氣，前後足足用了十年的功夫，直到嘉慶十年才把白蓮教起義鎮壓了下去。但清朝也因此而大傷元氣，一蹶不振。

　　清朝鎮壓了王聰兒為首的起義軍後，才喘定一口氣，不料又發生了震動皇宮、危及天子寶座的天理教起義。

　　天理教是白蓮教的一個支派，因為用**八卦**①編排人員，所以也叫八卦教。此教遍布河南、河北、山西、山

東各地，有一定勢力。在北京掌管的首領叫林清，為人仗義，口才又好，善於交友，吸引了不少人入教，教徒中不少是皇宮裏的太監和一些下級官吏。

　　嘉慶十六年（公元1811年）起，林清與其他幾卦的首領幾次密談，建立了嚴密的組織，共商起義大事。他們約定於嘉慶十八年閏八月十五日午時在河北、河南、山東三地同時舉行起義，林清他們在北京由太監接應直接攻打皇宮，河南滑縣的李文成選派人扮成小販、商人到京師助戰，並説好以「二八中秋，黃花落地」作為起義口號（意思是清朝將在第二個八月的中秋結束）。

　　起義日期迫近時，滑縣方面洩露了機密，李文成被捕，嚴打致傷。滑縣教徒提前起義救出李文成，攻陷

小知識

①**八卦**：中國古代一套有象徵意義的符號，用「－」代表陽，用「－－」代表陰，用這樣的符號組成八種形式，叫作八卦，每一卦代表天地水火等一定的事物。八卦互相配搭又得六十四卦，用來象徵各自然現象和人事現象。相傳是伏羲所造，後用來占卜。

縣城，殺死知縣。林清在北京對此一點也不知道，八月十五日按計劃分兩隊進攻東、西華門。攻西華門的一隊八十餘人全部衝進皇宮，正打算攻入隆宗門，被皇二子綿寧（即日後的道光皇帝）拿鳥槍鎮住。後來一千多名官兵趕到圍住了起義軍，經過兩天一夜的激烈戰鬥，起義軍終於寡不敵眾，全部壯烈犧牲。這場禁門之變驚心動魄，史無前例，至今隆宗門匾額上還留着當年起義軍戰士射出的**箭鏃**①呢，你有機會去北京參觀故宮博物館時，記得找一找啊！

小知識
①**箭鏃**：金屬製的箭頭。

11. 鴉片戰爭與割讓香港

1839年6月3日，廣東虎門海灘上人山人海，人們興奮地觀看欽差大臣林則徐指揮銷毀從不法英國商人手中充公的二萬二千餘箱**鴉片**①。銷煙池內黑色濃煙衝天而起，彌漫了海灘上空。人們雀躍歡呼，齊聲讚頌林則徐的果敢行動，並把這一天定為「禁煙日」。而此時的林則徐，已在冷靜地思考下一步行動了，他知道英國人是不會善罷甘休的。

要說此事的來龍去脈，還得追溯到1793年時。那時的英國已擁有世界上最強大的艦隊，佔領了不少殖民地。英國商人早就覬覦中國這東方大國，便派特使到北京提出要求和中國通商。清政府實行閉關自守政策，認為地大物博的中國完全能夠自給自足，根本沒必要與外國做生意，便拒絕了英使的要求。英國商人們就想出

小知識

①**鴉片**：用罌粟果實中的乳狀汁液製成的毒品，也叫阿芙蓉，通稱大煙，吸上癮後人就變得面黃肌瘦，萎靡不振。

了一條惡毒的計策來敲開中國貿易的大門——他們在佔領地印度強迫人們大量種植罌粟，製成鴉片，賄賂了廣東一帶的海關官員，在中國大肆傾銷這種在他們英國國內禁銷的毒品。嘉慶五年（公元1800年），英國向中國輸入四千五百多箱，以後逐年猛增，到了道光十八年（公元1838年）就增加到四萬多箱了。當時中國已有二百萬人吸鴉片，每年外流白銀四百二十萬兩，遠遠超過出口茶葉、絲綢等土特產的價值。鴉片深深毒害着中國，使一些正直的官員憂慮不堪。**湖廣**①總督林則徐在轄地內採取嚴厲措施禁止鴉片，並上書給道光皇帝說：「如果再不禁煙，國家越來越窮，百姓身體越來越差，恐怕將來無法招募到能抵抗侵略的士兵，而且也沒有可充軍餉的銀子了。」

道光皇帝讀了奏章很感動，派林則徐作為欽差大臣到廣東禁煙。林則徐到了廣州後便服私訪，查清了走私鴉片的情況，嚴懲了一批違法官兵和煙販子，然後發出通告，勒令外國商人必須在三日內繳出全部鴉片，並立書保證不再販運鴉片。英國駐華商務監督義律企圖組織商人頑抗，廣州工人和百姓自動圍困了商館，林則徐也下令要封鎖商館、中斷中英貿易，義律迫於形勢，只得帶頭乖乖交出鴉片，於是出現了在虎門海灘銷毀鴉片的一幕。

　　次年（公元1840年）六月，英國政府向中國發動了第一次鴉片戰爭。四千名侵略軍分別乘坐四十八艘軍艦，裝配了五百多門大炮，殺氣騰騰地侵入廣州附近的海面。林則徐早有防備，他曾積極操練水軍、增設大炮，並組織當地漁民、**疍民**②、鹽民的力量協同作戰，

小知識

①**湖廣**：指湖北、湖南兩省。元代的湖廣包括廣東及
　　　　廣西在內，明代把兩廣劃出，但仍用舊名。

②**疍民**：疍，粵音但。水上居民的舊稱，指在廣東、
　　　　福建、廣西沿海港灣和內河上從事漁業或水
　　　　上運輸的居民，多以船為家，也稱疍戶。

因此英軍在此遭到廣州軍民的痛擊，不少船隻也被燒毀。他們就轉道北上，尋找突破口。道光帝和清政府並沒有打仗的準備，因此英軍順利地攻陷定海，又北上抵天津，直逼北京。朝廷中反對禁煙的大臣乘機中傷林則徐，說他禁煙失當，得罪洋人。道光帝聽信謠言，撤了林則徐的職，派庸俗無能的琦善為欽差大臣到廣州與英軍交涉。

琦善一到廣州就下令撤除海防，裁減水軍三分之二，解散林則徐招募的漁民水勇，為侵略軍大開綠燈。英軍非但不撤兵不議和，反而突然攻佔虎門，中國守軍全部壯烈犧牲。琦善背着朝廷與英軍談判，答允割讓香港及賠款六百萬元。朝廷聞訊大怒，下令逮捕琦善，改派奕山去主持戰事。奕山一到廣州就匆忙下令進攻英軍，英軍一反撲，這個窩囊將軍就嚇得魂飛魄散，龜縮在廣州城內不敢再戰，派人與英軍簽訂《廣州條約》，答應撤兵賠款。清政府的軟弱無能使英軍更加囂張，加派了援軍擴大侵略戰爭，兩年內在中國東南沿海一帶與中國軍民進行斷斷續續的激烈戰鬥：

五月間，廣州三元里鄉民自動組織平英團與侵略英軍奮戰，殺死英軍二百餘人，繳獲洋槍洋炮九百多

件，逼得英軍撤離廣州；英軍進犯福建廈門，遭當地軍民痛擊而退；英軍進攻台灣基隆，清軍炮毀了為首的英艦，殺傷英軍一百多人；英軍再次進攻定海，清軍官兵血戰六個晝夜，壯烈犧牲，定海失陷。

接着英軍攻佔了浙江的鎮海、寧波、慈溪、乍浦等地，進逼長江出海處的吳淞口，經過激戰佔領吳淞口，之後勢如破竹取得上海、寶山、鎮江，直指南京。清政府早被英軍艦大炮嚇破了膽，決定投降，派人到南京與英人講和。於是，中國歷史上第一個不平等條約——《南京條約》便於1842年8月在南京產生。

代表雙方簽約的是清朝欽差耆英（耆，粵音其）和英軍全權代表砵甸乍。條約規定：中國開放廣州、廈門、福州、寧波、上海五地為通商口岸；把香港割讓給英國；賠償鴉片煙價和軍費二千一百萬銀元；由中英雙方共同議定進出口貨物的稅率等等。英國用鴉片敲開了中國的大門，美、法等國也接踵而入，從此中國一步步淪為半殖民地半封建的社會。

清初盛世時，香港已是一個繁盛的漁港，農業、漁業、航海業、製鹽業等已有一定程度的發展，百姓安居樂業、生活穩定。據嘉慶年間的史籍記載，當時港

島已有居民七千多人，二百七十多座村落，僅赤柱已是個有二千多人的市鎮。《南京條約》簽訂後，英國侵佔香港島，次年派砵甸乍作為第一任港督，對香港實行殖民統治。1860年第二次鴉片戰爭後簽訂的《北京條約》中，英國又得到了九龍半島南端尖沙咀一帶。1898年英國與清政府簽訂的另一個不平等條約中，英國又強行租借了九龍半島深圳河以南地區及附近諸島，並把這地區統稱為「新界」，規定租借期九十九年，到1997年6月30日期滿。

二十世紀以來，歷屆中國政府都不承認這些不平等條約，1949年中華人民共和國誕生時就莊嚴宣布：帝國主義列強與舊中國簽訂的一切不平等條約一律作廢。1982年10月起，中英兩國政府對香港問題進行了多次談判，終於在1984年9月18日達成協議，發表了《聯合聲明》，宣布中國政府將在1997年7月1日收回香港，包括香港島、九龍和新界。該日凌晨，政權交接儀式順利進行，香港回歸祖國，中國政府對香港恢復行使主權，並根據《基本法》規定實行「港人治港」、「一國兩制」政策。從此，香港重新回到中國的懷抱。

12. 太平天國的興衰

　　為了湊足給英國的巨額賠款，清政府加緊對百姓的勒索剝削。老百姓本來就處於水深火熱之中，這下更是沒有了活路，於是各地又燃起抗清的烈火。鴉片戰爭之後不久，中國就爆發了太平天國運動。

　　太平天國的創始人洪秀全，是廣東花縣人。他出身農家，是個讀書人，在私塾教書。從十六歲到三十一歲，他四次赴廣州應考**秀才**①，都名落孫山。回家後他決定不再追求無用的功名，而要組織人民使其不受洋人欺負和貪官的盤剝，過上安定的生活，為此必須喚起人們的覺悟，推翻腐朽的清皇朝統治。他從基督教中得到啟發，認識到要用一種共同的信仰來團結大眾。

　　於是洪秀全和弟弟洪仁玕（粵音竿）以及好友馮雲山一起，組織起拜上帝教的活動。他自稱是上帝的二

小知識

①**秀才**：明清時對生員的通稱，即經本省各級考試取入府、州、縣學的學生員額，習慣上稱秀才。

兒子，耶穌的弟弟，説是上帝認為孔子的儒家思想被一些妖魔利用來作惡多端，是人民飽受貧苦折磨的原因，是人間罪惡的根源，於是上帝派他來到人世斬盡妖魔，解放百姓。他們在鄉間砸掉私塾裏的孔子牌位，動員人們改惡從善，受洗禮入教。為了擴大影響，他們又到廣西去活動。一路上洪秀全感到光靠外國的上帝不能打動中國老百姓，他決定回花縣去寫傳道書，創造一些易為百姓接受的教義；而馮雲山卻去廣西桂平紫荊山一帶的燒炭工和農民中招納教徒。

幾年後，洪秀全到廣西桂平縣與馮雲山會合，帶來了他所寫的《原道救世歌》、《原道醒世訓》、《原道覺世訓》等傳教文章。那時馮雲山在當地已站穩腳跟，成立了「拜上帝會」，發展了三千多名會員。洪秀全立即得到當地民眾的擁護，尊他為領袖，連地主出身的石達開和韋昌輝也來入了會。

拜上帝會的活動引起了官府的注意，官府準備派兵鎮壓。洪秀全等幾個首領商量，如再不聯合起來共同行動，就可能被官府各個擊破，於是他們就於道光三十年（公元1850年）號召各地會員到廣西金田村，叫做「團營」。會員們來到後，把變賣田產家業所得的現金

全部交入「聖庫」，由聖庫統一發給大家衣食用品，大家同甘共苦。同時又整編隊伍，進行軍事訓練和趕造武器，積極準備起義。

次年，即1851年1月11日，洪秀全三十七歲生日的那天，拜上帝會在金田村正式宣布起義。洪秀全莊嚴地宣稱：「我們的目標是推翻腐朽的朝廷，讓天下太平。我們的國號就叫太平天國，為的是讓窮人過上太平日子。」

頭頂蓄髮①並包紮紅頭巾的太平軍戰士從金田村出發，轉戰廣西，連連告捷。攻下永安城後洪秀全整編日益壯大的隊伍，自稱天王，並封了東、西、南、北、翼五王，其中以東王楊秀清權力最大，僅次於天王，並掌握軍權。

道光皇帝接到太平天國起義的消息後，氣急攻心，口吐鮮血而死。他的兒子即位，就是咸豐皇帝。新皇帝馬上調動各地軍隊圍攻太平軍。太平軍在楊秀清指揮下苦戰突圍，迅速向湖南湖北挺進，相繼佔領了很多

小知識
①蓄髮：清朝規定男子要剃掉頭頂的頭髮，蓄髮是表示反對清朝。

城市，每到一地開倉放糧，很受百姓歡迎。在這期間也犧牲了不少太平軍戰士，包括西王蕭朝貴和創始人、南王馮雲山。可是太平軍隊伍日益壯大，已有二十萬之多。咸豐三年正月，太平軍分水陸兩路沿長江兩岸東下。水軍船有一萬多艘，從頭到尾排列了幾十里長；陸路大軍在兩岸浩浩蕩蕩行進，勢如摧枯拉朽，連克數城，很快就兵臨南京城下。

清軍仗着南京有內、外兩道堅固的城牆防守，和太平軍頑抗。太平軍在岸邊建了二十四座整齊的軍營，搭了很多高台，讓戰士站在高台上向城外百姓宣傳反清的道理和太平軍的紀律，並發布安民告示，說太平軍是專打妖官妖兵，讓百姓過太平日子。老百姓很受感動，紛紛送來大米、豬、雞、鴨和蔬菜勞軍。作好充份準備後，太平軍開始攻城。他們用火藥、地雷炸開城牆衝進城去，殺死了清朝守將，佔領了城市。

洪秀全把南京改為天京，定為太平天國的首都；並貼出招賢榜招攬文武人才；還發布了**《天朝田畝制度》**①，主張「有田同耕，有飯同吃，有衣同穿，有錢同使，無處不均勻，無人不飽暖」。太平天國又制定官制，設立女官；訂立朝儀，免去跪拜禮儀；規定了士兵

的衣冠，如「**號帽**②」及士兵服；又禁止蓄妾、賣娼、**纏足**③、吸鴉片、賭博等陋習，稱作「天條」，犯者立斬。這些措施得到百姓擁戴，天京充滿生機。

　　之後，太平軍分兵北伐和西征。兩萬多北伐軍順利地打到黃河邊，附近的煤工用運煤船幫助他們渡過黃河，直逼京城。咸豐皇帝嚇得要死，作好逃跑的準備。可惜太平軍沒趁這大好時機乘勝前進，而是改道想到天津休整一下。不料天公不作美，連下幾天大雨，進不了天津，清兵趁機調來大軍並挖開運河大堤，把太平軍圍

小知識

① 《**天朝田畝制度**》：太平天國革命的綱領性文件，否定封建地主階級的土地制度，宣布一切土地和財富都屬於上帝，平均分給農民耕種，不分男女老少，從政治上肯定了人人平等、男女平等，有濃厚的絕對平均主義空想。

② **號帽**：太平天國一套獨特的衣冠服飾制度。士兵平時不准戴帽，打仗時才准戴盔，盔大多用竹、篾、柳、藤編成，稱作「號帽」或「得勝盔」，帽上有五色花朵、彩雲及「太平天國」四字。

③ **纏足**：也叫裹腳，是封建制度下摧殘婦女的一種陋習，把女孩子的腳用長布條緊緊纏住，使腳骨畸形，腳形尖小，以為美觀。

困了起來。太平軍被圍三個月，飢寒交迫，後來突圍南撤，犧牲慘重，最後在山東境內連同援軍一起被清軍消滅。堅持了兩年多的北伐雖然失敗了，但他們把大量清軍拖在北方戰場，為太平軍在南方的活動創造了有利條件。在此期間，天京附近的太平軍接連打退清軍的進攻，拔掉了威脅天京的清軍江南、江北兩座大營，西征也由最初的失利而由翼王石達開扭轉了局勢，奪回**武漢三鎮**①，攻克大半個江西。這一系列勝利使太平天國達到全盛時期。

但是太平天國領導人之間的矛盾也逐漸暴露了出來。洪秀全入南京後改變了過去艱苦樸素的作風，大修王府，養尊處優，一心享樂，大權落到東王楊秀清手裏。才幹出眾的楊秀清不甘心位居天王之下，想與洪秀全爭位。洪秀全就召回北王韋昌輝來除掉楊秀清，誰知韋昌輝心狠手辣，把楊秀清及他家屬、親信、東王府的官員士兵統統殺掉，引起公憤，洪秀全看出韋昌輝比楊秀清更危險，便又除了韋昌輝一伙，殺了一大批人。領導高層中只剩下洪秀全和石達開，洪秀全懼怕石達開的威望會高過自己，便處處限制他，迫使石達開率領十萬精兵出走，此時太平天國元氣大傷。洪秀全只得起用了

一批年青將領，組成新的領導核心。

　　同治元年，清軍逐步圍攻天京，太平軍處境日益艱難，其他城市相繼失守。外國侵略軍亦在清政府支持下組成了一支**洋槍隊**②，對太平天國進行鎮壓。他們的洋槍洋炮使太平軍大為吃虧。同治三年（公元1864年）六月，被困的天京城糧草斷絕，洪秀全得了重病死去，十六歲的幼主即位，由忠王李秀成主持軍政大事。清軍趁機炸城進攻，剩下的一萬多太平軍與清軍展開了激烈的巷戰，最後全部犧牲。一些太平軍餘部在長江南北繼續和清軍作戰，直到同治七年才被鎮壓下去。

　　鬥爭了整整十八年的太平天國起義雖然失敗了，但是影響深遠。它的勢力擴展到十八個省，有力地震撼了滿清的統治。這是中國歷史上規模最大的農民戰爭。

小知識

①**武漢三鎮**：在湖北省中部偏東，長江與漢江交匯處，是水陸交通樞紐。分為武昌、漢口、漢陽三鎮，1949年合併設武漢市。

②**洋槍隊**：清政府勾結美、英、法侵略者為鎮壓太平天國而組成的武裝。1860年在上海組成，由美國人華爾統領，1862年改稱常勝軍，後由英國軍官戈登統領，士兵主要是中國人，使用洋槍洋炮。

洪秀全的金田村起義是一場愛國農民戰爭，可是為什麼他把國號定為帶有宗教色彩的「太平天國」呢？

那是因為洪秀全讀了一本傳教士派發的宣傳小冊子《勸世良言》，接受「上帝是造化天地人萬物之大主」，自稱是耶穌的弟弟。他用這種神學思想解釋社會現狀，認為清朝滿族統治者都是魔鬼蛇神，是上帝不能容忍的，自己有責任要消滅他們，用天國來代替皇朝，建立一個天下大家處處平均、人人飽暖的理想社會，所以起名為「太平天國」。這種理想對當時處於水深火熱中的百姓很有號召力，但是這種絕對平均的空想在現實世界中是行不通的。

太平軍在清軍和外國侵略軍的夾攻之下終告失敗，但它以雷霆萬鈞之力、疾風暴雨之勢席捲了半個中國，曾攻克十八省的六百多個城市。將領和士兵在戰鬥中面對敵軍的洋槍洋炮毫不畏懼，個個奮不顧身英勇殺敵，堅守陣地直到戰死，留下很多可歌可泣的故事在民間傳播，為後人讚頌，並激勵人們日後向外國侵略勢力與滿清皇朝繼續鬥爭。史學家認為太平天國沉重打擊了清皇權，為辛亥革命鋪平了道路，對推動中國歷史前進起了火車頭的作用，是一場反對西方侵略者和封建統治的偉大農民戰爭。

13. 火燒圓明園

公元1860年10月18日，北京的西北角上空濃煙滾滾，火光沖天，無情的團團烈火吞沒了一座座華麗的宮殿和玲瓏的亭台樓閣。這場燃燒了兩天兩夜的大火把世界上最輝煌的建築羣——**圓明園**①化為一堆灰燼，只剩下廢墟上的殘柱。這把火震驚了中國，震驚了世界。

事情還得從《南京條約》簽訂後説起。英國人不滿足於已得利益，想迫清政府簽訂新條約以得到更多好處，並想到北京經商，便時時在尋找機會。1856年秋天，廣州水師截停了一艘中國走私船「亞羅號」，扣押了船上的十二名船員。英國人借此大做文章，説該船在香港領過通航證，是英國商船，要清政府放船釋人，否

小知識

①**圓明園**：清代名園之一，始建於康熙四十八年
（1709 年），是圓明、萬春、長春三園的
總稱。1860 年遭英法聯軍縱火焚毀，1873
年為祝賀慈禧太后四十歲生日，重修了部
分圓明園；1900 年再次毀於八國聯軍之手，
今僅存殘跡，遺址在北京西郊海淀附近。

則就攻打廣州。兩廣總督膽小怕事，立刻送回那十二個船員。但是存心找事的英國人不肯罷休，藉口説清政府所派的官員太低級，對英國不禮貌，於十月下旬攻打廣州沿海炮台，開始了第二次鴉片戰爭。

英國人向中國開戰後不久，法國也加入進來，藉口是清政府在廣西逮捕並處死了一個無惡不作的法國天主教神父和他的兩個教徒。英法聯軍很快就攻陷了廣州，燒殺搶掠一番後就沿海北上，攻佔大沽口後直逼天津，揚言要打下天津後攻進北京。清政府慌了手腳，連忙派人到天津去議和，與英、法、俄、美等國簽訂了喪權辱國的《天津條約》，除了賠款以外，並答應外國公使進駐北京，增開南京、漢口、煙台、營口等十處口岸，允許外國人到中國內地通商和傳教等等。

第二年，英法聯軍以護送代表去北京換約為名，竟以兩千人的軍隊硬闖大沽口，遭到守將的反擊。愛國將士炸沉英艦十艘，打死打傷四百多名侵略軍，英法聯軍只得退出。

1860年春天，兩萬多名英法聯軍再次攻佔大沽口，又佔領了天津，直撲北京。咸豐皇帝正在西郊圓明園享福，接到消息後大驚失色，急忙領着皇后、貴妃

和大批官員逃到**承德**①去了，留下他的弟弟恭親王奕訢（粵音因）準備在京與英法聯軍談判。

英法聯軍開到北京後，以為咸豐皇帝仍在圓明園，便直接向圓明園進兵。侵略軍來到這座舉世無雙的皇家園林，被它的富麗堂皇驚呆了！

圓明園的一百多處景觀各成佳境，又統一和諧；殿堂軒館樓閣亭橋，或宏偉壯麗，或小巧玲瓏，美輪美奐，變化多端。除了模仿各地名勝佳景外，還有一些外國情調的建築，如意大利和法國藝術家設計建造的「西洋樓」。園內更有無數奇花異木點綴於各建築物之間，並收藏着大量珠寶玉器、珍奇寶物。從建築到收藏物，圓明園都是當時世界上獨一無二的，所以被人譽為「萬園之園」。

英法聯軍見到這麼多珍貴文物和金銀珠寶，就像餓狼見到肥肉，瘋狂搶奪起來，拿的拿、扛的扛、能搬動的東西都盡量搬走，拿不走的木器、銅器、瓷器等就砸碎。搶劫一空之後就放一把火把圓明園燒了，因為

小知識

①**承德**：今河北省東北部，有避暑山莊，是清朝皇帝夏季避暑之地。

圓明園是中國皇帝最喜愛的行宮，英法聯軍為了給中國皇帝極大的震動，警告他今後不要再妄自尊大，便把他的這個行宮燒毀。聯軍將領戈登也不得不承認：「我們就這樣以最野蠻的方式，摧毀了世界上最寶貴的財富……你想像不到這座宮殿有多麼華美壯麗，更不能設想法軍英軍把它蹂躪成什麼樣子！」

現在你假如到歐洲去旅行，在一些博物館裏見到

中國的古文物或珍寶，說不定就是當年英法聯軍從圓明園裏搶去的戰利品呢！

　　英法聯軍燒毀圓明園後，就威脅留守北京的恭親王奕訢接受兩國提出的全部條件，不然他們就要像燒圓明園一樣把北京皇宮燒掉。於是奕訢與英、法兩國簽訂了《北京條約》，承認《天津條約》完全有效，還增加了開放北京的門戶、華北最大的海港天津為通商口岸，割讓九龍半島南端給英國，賠償軍費等內容，從此中國的命運就更慘了。各國看見清朝軟弱可欺，都來趁火打劫，沙俄也以炮艦威脅，逼清政府簽訂了《中俄璦琿條約》和《中俄北京條約》，奪取了大片中國領土。

仿建圓明園

　　圓明園由六代皇帝建造了一百五十年，周長十公里，佔地五千多畝，鑿湖堆山，種植奇花異草，羅列國內外名勝四十景，有建築物一百四十五處，藝術價值甚高，但卻被英法聯軍一把火燒毀，這是我們每個中國人心頭之痛。對於是否要重建，多年來一直存有爭議。基本上達成的共識是要保留這被毀的圓明園原址，為後代人留下一處歷史教材，記住這一國恥，但人們也很想知道當年的「萬園之園」究竟有多美。

　　八十高齡的徐文榮是中國橫店影視城的創始人，他在偏僻小鎮——浙江省橫店一手創建了一座影視城，現已成為全球最大的影視實景拍攝基地，在此拍攝的影視劇已達四萬二千多部，是中國最繁忙的影視夢工廠。他在 2006 年宣布：要在橫店耗資三百億元，按 1:1 比例原樣仿建一個「圓明新園」，並利用 3D 科技再現當年的繁華景象。2012 年 5 月正式動工。一百多位史學家和考古學家作顧問，與建築師、設計師一起花了近十年時間，查閱了大量史料，參考了兩千多張尚存的圖紙，日以繼夜工作。圓明新園已在 2016 年 10 月

1 日開放，它佔地六千多畝，分為新圓明園、新長春園、新綺春園、新暢春園四大園區（也稱為春夏秋冬四苑），每個景區包含乾隆初期及中期、道光時期、咸豐時期等建造的不同場景，有正大光明大殿、九州清晏水景、方壺聖景等景點。園內有一百個花園，種植了萬千種奇花異草，所以又稱「萬花園」。這是一座結合了中西方優秀造園藝術、融入中華文化與世界多元文化於一體的輝煌園林。

整個重建工程不花政府一分錢，資金全部來自民間，大部份由企業自籌，小部分是社會捐贈。徐文榮說：「重建不僅是為了重現這一園林的藝術經典，更重要的是我希望借此向年輕一代普及圓明園的相關知識和歷史。」

另外，中國南部珠海也建造了一個「珠海圓明新園」，選擇了原園四十景中的十八個景點，按 1:1 比例仿建，2012年 10 月起永久免費向公眾開放。

14. 西太后垂簾聽政

逃到承德的咸豐皇帝聽到圓明園被燒，又簽訂了賠款割地的不平等條約等壞消息後，又氣又急，病倒了。沉溺於縱慾享樂生活的他本來身體就虛弱，經不起這一連串的打擊，竟然一病不起。公元1861年8月，咸豐皇帝臨終前口授了一份遺詔，把六歲的兒子載淳立為皇太子，繼承皇位，並任命肅順、載垣、端華等八位大臣為「**贊襄政務**①王大臣」，輔助小皇帝。

不久，咸豐帝去世，八大臣奉遺旨立皇太子載淳即位，改年號為祺祥，尊皇后鈕祜祿氏為「母后皇太后」，載淳的生母懿貴妃為「聖母皇太后」。

對這個安排感到不滿意的有兩人：一是恭親王奕訢。他是咸豐的弟弟，是個有實力的人。他常與外國人打交道，得到外國有關方面的支持，與肅順等人早有矛盾。這次見八大輔臣中沒有自己的名字，心中十分惱火，對手下人說：「我哪一點不如載垣、肅順？怎麼不讓我贊襄政務？一定是肅順他們搞的鬼！」

另一個感到不滿的就是載淳的生母懿貴妃那拉氏。她小名叫蘭兒，是個很有心計的女人。因為父親是個地方

官，所以她從小跟着父親走南闖北，學會了隨機應變的本領，十八歲時她被選入皇宮，初時地位很低，她就設法找機會與皇上親近。一天，她看見咸豐帝在花園中散步，她就故意躲在樹林深處唱歌，引起了咸豐的注意，看她長得標緻，便封她為蘭貴人。她善於揣測皇帝心思，投其所好，得到皇帝的寵愛。過了幾年，那拉氏生了皇子載淳，就被封為懿貴妃，地位僅次於皇后。咸豐帝常常生病，不能料理國事，有時就由那拉氏代筆批答。現在咸豐帝一死，那拉氏就野心勃勃，想獨攬大權。

那拉氏表面上對八大臣的安排沒表示異議，不動聲色，卻一反常態地對皇后鈕祜祿氏親熱起來，對她說：「八大臣不可靠，想控制朝政大權，不把他們除掉，我們就處處受制。」她挑唆皇后與她一起用密旨召恭親王奕訢到承德來共議大計。

肅順他們對奕訢和那拉氏早存戒心，便以「叔嫂不能通問」為理由阻止奕訢謁見兩位皇太后。奕訢就於夜晚化裝成**宮娥**②混入內宮，與兩位皇太后商量除掉八大臣的辦法。之後，奕訢就回北京去作準備。

小知識

①**贊襄政務**：就是協助管理朝政之意。

②**宮娥**：被徵選在宮廷服役的女子，也叫宮女。

過了幾天，八大臣接到一份奏折，說是皇上太小，不能料理國事，要讓皇太后聽政。第二天，那拉氏召見八大臣，要他們按奏折辦事。肅順反駁說：「大清朝從來沒有太后聽政的先例，而且老皇帝已有遺詔，要我們八大臣輔政，太后不能擅自更改。」雙方吵了起來，誰也說服不了誰。那拉氏氣得兩手發抖，懷抱的小皇帝嚇得尿了一身。

　　那拉氏知道沒有兵力就不可能掌權，她就叫奕訢在北京把掌握兵權的將領拉攏過來，控制了北京周圍的軍隊。一切布置就緒後，那拉氏就催八大臣護送咸豐皇帝靈柩回京。她對肅順說：「我們兩位皇太后和皇上由載垣、端華七位大臣陪着由小路先走，您帶領軍隊護送靈柩由大路走。我們先到北京，好率領文武百官迎接。」這個安排聽來合理，肅順就同意了。其實那拉氏這樣做，是為了把七個大臣和他們的核心人物肅順拆開，以便分別解決。

　　那拉氏他們先到北京。第二天一大早，文武大臣去向小皇帝請安。那拉氏突然拿出以小皇帝名義寫的聖旨，宣布解除八大臣職務，立即逮捕他們。大臣們都嚇呆了，武士們馬上當場抓了端華、載垣等七人。奕訢

又立即派人去抓路上的肅順，肅順護送靈柩正走到密雲縣，晚上剛睡下，就被闖進的武士從被窩裏抓出來綁了起來。那拉氏下令把肅順殺頭，令載垣和端華自殺，其餘五人被撤職。

接着，那拉氏和奕訢安排載淳正式登上皇帝寶座，廢除年號祺祥，改為同治，意為由兩個太后一同治理國家。奕訢被任命為議政王，掌握軍機處。兩位皇太后開始**垂簾聽政**①，並各自加了徽號：鈕祜祿氏稱「慈安」，那拉氏稱「慈禧」，因她們分別住於東、西宮，故也稱為東太后和西太后。慈安太后性情平和，本來就無意從政，垂簾聽政不過是掛個名目，一切事務由慈禧太后決定。清朝的大權就此落入慈禧太后之手，她前後統治中國達四十七年之久，是中國歷史上臭名昭著的野心家和獨裁者。

這次血腥政變發生在舊曆辛酉年（酉，粵音友），所以歷史上稱為「辛酉政變」。

小知識

①**垂簾聽政**：封建時代在特殊情況下，太后或皇后臨朝聽政，殿上用簾子遮隔，叫「垂簾」，以此法處理國家大事。

15. 洋務運動

　　二次鴉片戰爭的炮火驚醒了清朝廷的一些官員和有識之士，迫使他們思考：這些野蠻落後的西方人怎麼這樣厲害？堂堂大清王國怎麼如此不堪一擊？一向閉關自守、目中無人的清朝這時不得不睜眼看看外面的世界了，他們觀察、思考的結論是：西方人之所以打勝仗，是因為他們有堅固的船隻和洋槍洋炮。今後中國要在國際上抬起頭來不受欺負，也一定要用新式武器裝備軍隊，要建立強大的海軍，要學習西方的先進科學技術，趕上世界潮流。

　　於是，在全國範圍內展開了一場以「自強求富」為目標的洋務運動，湧現了一批洋務派人物。

　　洋務派在清朝廷中以恭親王奕訢為代表。他在第二次鴉片戰爭中，與英、法、俄、美等國頻繁接觸，參與談判及簽訂不平等條約，使他感觸很深，思想變化很大，深感向外國學習的重要。他年輕有為，辦事機敏能幹，人稱他為「鬼子六」。在他力爭下，清政府成立了總理衙門，主管外交、通商及其他洋務，由奕訢任辦事大臣。地方上辦洋務的人以曾國藩、左宗棠、李鴻章為

代表，創辦了以軍事工業為首的一批工礦企業。

曾國藩本是清朝的一名官員，後因母親死了而回湖南老家守喪。太平軍西征攻打湖南時，曾國藩組織了一支地主武裝——湘軍，來抵抗太平軍。他的湘軍兇狠善戰，後來成為鎮壓太平天國的主力，曾國藩也為之升為**兩江總督**①。洋務運動開始後，曾國藩率先於1861年創辦了安慶內軍械所，這是中國仿製西方武器的第一個軍工企業。

李鴻章是安徽人，出身於官僚家庭。他早年投靠曾國藩，得到賞識，後因鎮壓太平天國有功而被提拔為江蘇**巡撫**②。他買了一批洋槍洋炮，又僱用了一批英、美、法軍官來訓練自己手中的武裝部隊——淮軍。可是買武器的開支很大，李鴻章就想自己製造。這時一個英

小知識

①**兩江總督**：管轄江蘇、安徽、江西三省的最高長官。

②**巡撫**：一省最高行政、軍事長官。

③**開花炮彈**：榴彈的舊稱，戰鬥中常用的一種炮彈。爆炸時，靠彈丸的破片和炸藥本身的能量殺傷敵人或破壞其武器裝備、防禦工事和障礙物等。

④**自來火**：一種引火器。

國軍醫主動來見他，說：「我學過製造軍火，還會訓練軍隊。」李鴻章求之不得，就留下他當軍官訓練部隊，又撥了一筆款子籌辦開設了一間製造彈藥的工廠。後來李鴻章又設立了上海製炮局，用香港的機器和英、法工匠開始製造「**開花炮彈③**」和「**自來火④**」，並陸續開辦了一些鐵工廠、機器局。1865年，李鴻章把幾家製炮局、製造局和鐵廠合併，改名叫江南機器製造總局，使它成為一座規模巨大的兵工廠，能製造和修理各種槍炮彈藥，並能模仿外國的式樣造出輪船。李鴻章是洋務派中實力最強、事業規模最大的一個。

同時，湘軍將領、浙閩總督左宗棠依靠了法國人的力量在福建開辦了福州船政局。丁寶楨任山東巡撫時建立了山東機器局，任四川總督時創辦了四川機器局，都是用機器生產洋槍洋炮。清政府害怕新武器的製造都操縱在漢人手裏，便令恭親王奕訢籌辦了天津機器局，聘請英人總管製造火藥。李鴻章就任**直隸**①總督兼北洋通商大臣後接辦了天津機器局，才開始製造槍炮彈藥和軍用品。

　　這些官辦的近代工業要從外國進口機器和原料，開支很大，所以又興辦了一些「**官督商辦**②」和「**官商合辦**③」的企業，這些企業都能獲得較高利潤，為洋務運動籌集了一部分資金。而且，這麼多工廠在全國建起，使古老的中國出現了現代工業。為了尋找製造槍炮的原料，又開始了採礦業，修公路築鐵路等交通事業也相應發展，這一切又促進了商業貿易，都是有利於中國的經濟發展的。

　　在洋務運動中，訓練新式陸軍、建立海軍也是重要內容之一。陸軍方面，1862年成立了天津洋槍隊，配備洋槍洋炮和聘請洋人當教練。湘軍、淮軍也是用這方法訓練的新式軍隊。後來又建立了南洋、北洋、閩洋

三支海軍艦隊，其中以北洋艦隊最為強大，一直屬李鴻章統轄，他還用新式洋炮配置在大沽炮台，加強防務。誰知在試放那天出了事：

有資料記載，大沽炮台試放那天曾出過嚴重傷亡事故。那天，七個中國士兵把六十八磅重的炮彈裝進炮筒，便開炮了。但是，巨響過後，這七名士兵被炸得血肉橫飛，慘死在大炮旁。原來炮彈還沒飛出去，炮身就已經自我爆炸了。李鴻章大怒，把監製的英國人撤了職以息眾怒。事情很明顯：以前製造大炮對付太平天國，所以英國人很賣力，從中也賺了不少錢。現在所造的大炮是要裝配在大沽口對付外國侵略者的，英國人就掉以輕心了！

小知識

①**直隸**：舊省名，相當於今天北京、天津兩市，河北省大部和河南、山東小部地區。

②**官督商辦**：即由政府派官員管理、私人投資出錢興辦的企業，企業的盈虧也全由私人負責。

③**官商合辦**：即由政府和商人共同出錢作資本，官員和商人共同管理和經營的企業。

洋務派由此意識到，不能事事依賴外國人，要培養中國自己的科學技術人才，引進外國的先進技術和科學知識。同治元年（公元1862年）成立了同文館，是中國第一所學習外國語言文字的學校。江南製造局又於1868年設立翻譯學館，專門翻譯西方書籍，促進了西方先進科技在中國的傳播。曾國藩和李鴻章於光緒年間先後派遣四批學生赴美留學，還派人到英、法兩國學習機器製造和駕駛操作技術。著名的愛國鐵路工程師詹天佑，就是在十二歲那年被選派去美國留學十年的，他回國後僅用了四年時間，主持築成中國第一條自建鐵路——**京張線**①，被歐美工程界視為奇跡。

　　洋務派還在各地開辦了許多新式學堂，為西學的傳播起了巨大作用。這些學堂是現今學校的前身。若是沒有這些新學堂的興辦，也許我們今天還像古人那樣，要被關在私塾裏搖頭擺腦的背誦四書五經呢！

小知識

①**京張線**：自北京到張家口的一段鐵路線，全長二百公里，沿途是崇山峻嶺，需要開鑿四條總長一千六百多米的隧道。

中國鐵路之父——詹天佑

清朝的洋務運動總算為中國辦了些好事,其中一項值得稱讚的就是派年輕學生外出留學,培養了一批中國的科技人才回國服務,書中提到的工程師詹天佑就是其中一名佼佼者。

假如你在北京乘坐火車去長城遊覽的話,火車帶領你攀爬高峻的山坡,穿越千米長隧道,到達終點青龍橋車站時,你會見到月台旁矗立着一位老人的青銅像,他就是這條工程艱巨的京張鐵路的設計修建者——鐵路工程師詹天佑。

詹天佑是廣東南海人,從小喜歡擺弄機械零件,十二歲那年被推薦考進了清政府的「幼童出洋預備班」,作為第一批留學生去美國。十年內他完成了小學與中學課程,並獲得耶魯大學土木工程及鐵路專修科的學士學位。回國後他在鐵路公司大展本事:一上任就接受了修建塘沽到天津的鐵路修建工程,他僅用了八十天就完成了鋪軌工程,初露鋒芒。

之後從天津到山海關的鐵路修建過程中要造一座鐵路橋,水漲流急,英國、日本、德國的工程師都失敗了,詹天佑毛遂自薦,用中國傳統的方法配合機器打樁,終於戰勝了泥沙和急流,順利建起大橋,他因此獲選為英國土木工程師

學會的會員。

　　1905 年清政府決定興建北京到北方重鎮張家口的鐵路，拒絕讓英俄兩國取得建築權，宣布「不借外債、不用洋匠，全部由中國人自己修築和經營」，並指派詹天佑擔任總工程師。詹天佑非常興奮，說：「修建鐵路要用外國人是可恥的！中國已經醒過來了！」

　　他提出施工要「花錢少、質量好、完工快」的口號，親力親為勘察地形、選定路線、繪圖計算、監督施工，克服一個個天然與人為的困難，花盡全力把路軌一寸寸地向前推進。工程中他改良了車廂自動掛鈎法，使車廂牢固地連結，還發明了開鑿隧道的豎井施工法和炸石法，以及使列車容易爬坡的「人」字軌道。他比原計劃提前兩年，只用了四年半就完成全線通車，經費也節省下二十八萬兩白銀，費用只是當初外國人投標的五分之一！京張鐵路的建成被歐美工程師視為奇跡，大大長了中國人的志氣。詹天佑的功績是值得我們大書特書的。

16. 中法戰爭與天津條約

在歷史上，只有戰敗國在軍事上失利後，被迫與勝利的一方簽訂喪權辱國的和約。但是你聽說過嗎，竟然有打了勝仗之後還與戰敗一方簽約求和的！這樣的怪事就發生在清朝光緒年間。

公元1862年，法國政府強迫軟弱的**越南**①王朝簽訂條約，割佔了西貢地區，把越南南方變成了法國的殖民地，並企圖用越南作為跳板，進一步侵略中國。

同治十年（公元1871年），有個法國軍火商發現紅河是從越南進入中國西南地區的捷徑。於是他建議法國政府奪取越南北部各省，打通紅河航道，開闢一條從西貢到中國雲南的新航線。法國政府採取了這個建議。

小知識

①**越南**：位於東南亞中南半島東部，與中國、老撾、柬甫寨為鄰。自古代起越南就與中國有密切往來，十九世紀中葉法國侵入，淪為法國保護國。第二次世界大戰期間日軍侵入，越南人民反抗，1945 年 8 月正式宣布成立越南民主共和國。

公元1873年，法國將領安鄴（粵音業）在越南組織了一支有一萬五千人的**僱傭軍**①，鼓吹要吞併越南和中國的雲南、四川，建立一個「法蘭西東方帝國」。他的軍隊佔領了紅河三角洲地區，越南王朝只得向中國劉永福領導的黑旗軍求救。

劉永福原是廣西**天地會**②領導人之一，太平天國運動時期活躍於兩廣邊界。他的隊伍以七星黑旗為戰旗，稱黑旗軍。太平天國失敗後，劉永福率領黑旗軍轉移到中越邊界地區，開山闢林，種植莊稼，飼養牲畜，人越聚越多，發展成一支強大的軍事力量。接到越南王朝邀請後，黑旗軍立即南下抗法，他們來到河內近郊，和越南軍隊會合。安鄴自以為法軍武器精良，不把黑旗軍放在眼裏，乘他們還未紮好營，就率法軍出城進攻。

劉永福率領黑旗軍迅猛衝殺過來，勢不可擋。法軍心驚膽戰往回跑，搶着逃進城，亂成一團。黑旗軍乘機追殺過來，把法軍打得大敗，混亂中安鄴也被擊斃。腐朽的越南王朝害怕法軍報復，竟然派人去跟法軍議和，結果是法軍撤出河內等三地，越南王朝保障法軍的安全，使其不再受黑旗軍襲擊。為了安撫黑旗軍，越南王朝任命劉永福為副提督，率軍駐守越南北部，控制着

紅河上游，成為法軍通過紅河入侵中國的障礙。

　　一天，幾個法國人用馬車拉着幾個沉甸甸的大箱子，來見劉永福。他們打開箱子，露出白花花的銀子，悄聲對劉永福說：「這一萬兩銀子請收下，把越南北部交給我們，怎麼樣？」

　　「就這麼點嗎？」劉永福仰天大笑，「別妄想了，即使你們把法國所有的財寶都拿來，我也不會答應的！」

　　法國人討了個沒趣走了，他們當然不會罷休。經過幾年的策劃和準備，公元1882年法軍又發動了戰爭，首先攻佔了河內，並向紅河上游進犯，揚言要為安鄴報仇，並懸賞一萬銀元捉拿劉永福，越南王朝只好再請黑旗軍協助作戰。

　　劉永福馬上率軍南下，配合越南軍隊包圍了河內城。黎明時分，法軍衝出城來，以十人一隊，連環放

小知識

①**僱傭軍**：在本國以外招募士兵組成的軍隊。

②**天地會**：清朝民間秘密結社，以「反清復明」為宗旨，「拜天為父，拜地為母」，故稱天地會。會員有農民、手工業工人、城鄉勞動者和遊民等。

槍，發動進攻。其實劉永福已在河內城西一公里以外的紙橋埋伏了重兵，等法軍一過來，伏兵一躍而起，從兩側包圍了法軍，雙方展開激烈的白刃戰。法軍的槍炮發揮不了優勢，被黑旗軍殺得死傷無數。僅僅三個小時的戰鬥，黑旗軍打死法軍二百三十多名士兵和二十多名軍官，連法軍司令李維業也喪了命。這就是有名的「紙橋之戰」。戰後，越南王朝任命劉永福為正提督，繼續駐防越南北部。

法國政府加派軍隊，佔領了越南首都順化，越南被迫簽下條約，接受法國「保護」。法軍接着向駐守越南的中國軍隊開火，中法戰爭正式爆發。

公元1884年8月，清政府正式向法宣戰，其實戰事早已陸續展開。法軍先後向台灣的基隆和福建的馬尾軍港發起進攻。駐守基隆的清將劉銘傳率領官兵奮起還擊，打退了敵人的進攻。戰鬥期間，廣東、福建、上海等地軍民突破法國軍艦封鎖，向台灣運送物資支援他們的抗法鬥爭。但是福建水師受了李鴻章投降政策的影響，未能積極備戰，在法軍突襲下損失慘重，十一艘軍艦被擊沉，一千多名愛國官兵英勇犧牲。

公元1885年初，法軍向中越邊界發動了大規模進

攻，佔領了廣西通往越南的重要門戶**鎮南關**①。法軍司令尼格里狂妄地派人在城牆上寫了一行大字：「廣西的門戶已不復存在。」他們明顯要以此作為突破口長驅直入，侵佔中國南部。當地漢、壯族人民十分氣憤，在城牆上寫下了更大的一行字：「我們要用法國人的頭顱，重建我們的門戶！」他們投奔清將馮子材，要求加入部隊趕走侵略軍。尼格里見犯了眾怒，便放火燒了鎮南關，退守到三十里外的文淵城，伺機進攻。

馮子材是位六十七歲的老將，手下的士兵多是粵軍，有抵抗外國侵略軍的經驗和志氣。馮子材受命清政府來到抗法前線，見到被燒毀的鎮南關，氣憤地說：「洋鬼子竟敢燒我家門，這個仇一定要報！」他布置在關前十里地修築工事，在東西兩嶺上築炮台，並建起一道三里長牆把兩嶺連接，牆外並挖了壕溝使敵人不易接近。馮子材並作了周密的軍事部署，自己還率軍守着最艱險的中路。

尼格里把法軍分成兩路進攻，在大炮掩護下佔領了東嶺炮台，便以炮火攻牆，形勢相當危急。馮子材派

小知識
①**鎮南關**：今廣西友誼關。明初設置，為中國邊防要隘。

兵去襲擊文淵城，截斷了法軍運送食品彈藥的補給線；同時他和兩個兒子手執長矛大刀帶頭衝出牆外，與侵略軍展開肉搏戰。這時，漫山遍野響起了吶喊聲，原來附近的中越邊界居民也手拿武器前來支援，法軍陷入重重包圍之中，被打得落花流水，連尼格里也受了重傷，被士兵拖了回去。馮子材乘勝追擊，收復了文淵等地。法軍逃跑，僱傭軍也自行瓦解了。

鎮南關大捷使中越軍民揚眉吐氣，法軍從此節節敗退。但是奇怪的事情發生了：慈禧派李鴻章去找法國侵略者低三下四地求和，1885年6月，中法兩國簽訂《天津條約》（又稱《中法新約》），清政府承認越南是法國的**保護國**①；允許法國在中越邊界開闢商埠；降低法國貨物的進口稅率；允許法國在中國投資修築鐵路等。清統治者認為多給侵略者一些好處，自己就可以安心享樂了。如此，中越軍民用鮮血換來的勝利，就這樣被腐敗無能的清政府葬送了！

小知識

①**保護國**：因被迫訂立不平等條約，將部分主權（如外交主權）交給別國而受其「保護」的國家，是殖民地的一種形式。

17. 甲午海戰

光緒二十年（公元1894年），慈禧太后正準備在北京**頤和園**①慶祝六十大壽之時，忽然傳來掃興的消息：中國海軍受到日本艦隊的攻擊，雙方打了起來。朝廷十分緊張，西太后十分惱火——因為她的祝壽計劃不得不取消了。

日本在**明治維新**②以後，實力發展很快，一心向外擴張，通過朝鮮侵略中國是它的目標。這一年，清政府

小知識

① **頤和園**：中國名園之一，在北京西郊，原是元、明、清朝帝王之行宮。乾隆時改名清漪園，有排雲殿、佛香閣、知春亭等著名建築。在英法聯軍之役中燒毀，後來慈禧太后移用海軍軍費重建，名頤和園，1900 年又被八國聯軍破壞，1903 年修復。

② **明治維新**：1854 年，日本執政的江戶幕府（世襲的將軍政廳）相繼與美、英等國簽訂不平等條約，引發反對幕府統治和外國侵略的運動。1868 年 1 月，江戶幕府被推翻，天皇制專制政府掌權，實行改革，時值明治天皇在位，故名「明治維新」。

應朝鮮國王要求，派兵幫助鎮壓朝鮮**東學黨**①起義，日本便也乘機派軍開進朝鮮。起義平息後，清政府建議中日兩國同時撤軍，日本不僅拒絕，反而大量增兵。這年夏天，日本海軍襲擊兩艘載送中國陸軍部隊的中國軍艦，艦長方柏謙貪生怕死，不讓士兵反擊，自顧逃跑，使陸軍官兵乘坐的兩艘船失去保護，一艘被日軍劫持，另一艘船上的官兵英勇地用步槍還擊對抗，直至船隻被擊沉，一千多中國官兵壯烈犧牲。

清政府接到報告後，本不想對日宣戰，還想息事寧人。日本政府見清朝如此懦弱，便又出兵四千人攻打駐守朝鮮的清軍，佔領了平壤。直到此時，清政府才無可奈何地在八月一日向日本宣戰，這一年是農曆甲午年，所以叫做「甲午戰爭」，其中最悲壯的一幕是**黃海**②之戰。

九月間，清海軍提督丁汝昌率領北洋艦隊運兵後返航，忽接報告見西南方向有一片黑煙，煙下有十二艘軍艦向這邊駛來，但見軍艦上懸掛的是美國**星條旗**③。快要接近中國艦隊時，那十二艘軍艦一下子都降下美國國旗，換上了日本國旗，並已排好陣勢，迅速向中國艦隊撲來。

丁汝昌趕快與各艦管帶討論應戰計劃。「濟遠」號管帶方柏謙主張避敵逃跑；「致遠」號管帶鄧世昌堅決反對，他説：「逃跑是沒有出路的，寧可戰而死，不願逃而生！」丁汝昌同意他的看法，把艦隊分兩路，用火力最強的「定遠」和「鎮遠」兩艘鐵甲艦作前鋒迎戰。

　　但是北洋艦隊的作戰條件很不利，艦艇陳舊、速度慢；武器彈藥數量不足；有些炮彈和大炮對不上口徑，一部分彈藥根本不能用。這是因為慈禧太后挪用了海軍經費，而且經辦彈藥的官員貪污受賄，使外國軍火商有機可乘出售他們的偽劣產品。儘管如此，北洋艦隊的廣大愛國將士還是決心和敵人決一死戰。

小知識

① **東學黨**：十九世紀末朝鮮民間的秘密結社，借宣傳宗教組織民眾反抗朝鮮的封建統治。由崔濟愚創立，對抗西學（基督教），宣傳人人平等，揉合儒、佛、道三教，1894 年發動起義，失敗後改稱天道教。

② **黃海**：中國三大邊緣海之一。北起鴨綠江口，南以長江口北岸到朝鮮濟州島一線與東海分界，西以渤海海峽與渤海相連。

③ **星條旗**：美國國旗，由星及橫條構成。

日本艦隊見「定遠」號掛着帥旗，就集中火力猛攻，丁汝昌正在艦上指揮作戰，一時炮聲隆隆，硝煙瀰漫。忽聽得「轟」地一聲，「定遠」號的指揮塔被炸斷了，丁汝昌從指揮塔上跌落下來，受了重傷，他忍痛堅持在甲板上督戰，改由管帶劉步蟾代為指揮。劉命令「濟遠」和「經遠」兩艦向「致遠」靠攏，集中火力攻擊最厲害的巨艦「吉野」。

　　誰知「濟遠」號管帶方柏謙嚇破了膽，強迫官兵轉舵逃跑，慌亂中竟撞傷了中國軍艦「揚威」號，該艦受傷後速度放慢，被日艦擊沉。

　　「致遠」號管帶鄧世昌指揮「致遠」和「經遠」向日艦「西京」猛攻，炮彈打折了「西京」號的**舵機**①、使它狼狽逃走。於是，六、七艘日本軍艦向「致遠」號包抄過來，鄧世昌指揮「致遠」在包圍圈中靈活穿插，與敵艦拼搏，並死死咬住「吉野」號不放，把它打得起了火。眼看「吉野」就要支持不住了，「致遠」號的大炮卻突然啞了，原來剩下的炮彈都打不響，有的甚至是裏面塞着沙粒的假炮彈。這時「吉野」已趁機返回頭向「致遠」號撲來，鄧世昌熱血沸騰，大聲對全艦官兵說：「今天我們無非就是一死，我們要死得壯烈，為我

們海軍壯威！讓我們用『致遠』號的殘傷之軀，撞沉這可惡的『吉野』，跟它同歸於盡！」

「致遠」號官兵齊聲響應，於是開足馬力劈開層層海浪，向「吉野」號猛衝過去。這時的「致遠」號艦身已中彈，嚴重傾斜，士兵們的衣服都被炮火燒焦，滿身染血，仍端着步槍射擊敵人。鄧世昌的額頭流着血，他緊握**舵輪**②，目光死死盯着「吉野」號。「吉野」號上的日本官兵被這情景嚇怔了，有的趕忙跳海，有的咿咿呀呀亂叫。倉惶中「吉野」號向「致遠」號發出了一串**魚雷**③，其中一枚擊中了「致遠」號的鍋爐，隨着一聲巨響，「致遠」號成了一片火海，二百五十名官兵緊緊圍在鄧世昌身邊，沉沒在洶湧的黃海波濤中。

小知識

①**舵機**：船舶在改變航行方向時用來擺動船舵的機械，一般裝在船的尾部。

②**舵輪**：舵機的一部分，用以掌握方向的駕駛盤。

③**魚雷**：一種能在水中自行推進、自行控制方向和深度的炸彈，略呈圓筒形，內裝烈性炸藥，由艦艇發射或飛機投擲，用來破壞敵方的艦艇或海港的建築物。

「致遠」號的英雄壯舉鼓舞了北洋海軍的愛國官兵們，「鎮遠」號用大炮重創敵艦「松島」號，「吉野」號也受了重傷，失去戰鬥力。天色漸暗，日本艦隊首先退出了戰場，悲壯的黃海之戰結束了。

　　李鴻章為了保存自己的實力，下令丁汝昌把剩下的軍艦統統開進威海衞軍港，不許出戰。不久，日軍攻佔了大連和旅順，襲擊威海衞的北洋艦隊。艦隊困守港內，毫無抵抗力，丁汝昌、劉步蟾悲憤自殺。清政府苦心經營了十一年的北洋艦隊就此葬送。

甲午戰爭以日本的勝利告終，清政府派李鴻章到日本**馬關**①和日相伊藤博文談判。公元1895年4月，雙方簽訂了《馬關條約》，中國割讓遼東半島、台灣及澎湖列島給日本；賠償日本軍費二億兩；開放商埠並允許日人通商設廠等。後由於俄、法、德等國反對，日本被迫放棄遼東半島，但要清政府用三千萬兩白銀贖回。台灣人民堅持了四個多月的反割讓鬥爭，最後敗給日軍，寶島台灣自此被日本統治了半個世紀之久。

小知識

①**馬關**：日本地名，今稱下關。

18. 戊戌變法

　　李鴻章在日本簽訂了喪權辱國的《馬關條約》的消息傳到北京，羣情激憤。在北京參加科舉考試的廣東籍舉人康有為，聯合自各地來應試的一千三百多名舉人，到**都察院**①門口示威，反對簽訂條約，其中台灣籍舉人因為家鄉被割讓給日本，更是悲憤萬分。

　　之後，康有為又和他的學生梁啟超一起，用了兩天一夜的時間，寫了一封長達一萬四千多字的《上皇帝書》，指出割讓台灣會失掉民心，也會引起英、俄、法等都來瓜分中國，要求皇帝拒絕在條約上簽字，並認為要使中國富強起來，最根本的辦法是進行變法。

　　由於投降派官僚的阻撓，當時的光緒皇帝根本沒見到這封萬言書，但它的內容被舉人們帶回各省，廣為傳播，這就是有名的「**公車上書**②」事件。自此，揭開了維新變法運動的序幕，康有為也成了主張變舊法、行新政的維新派的領袖。

　　康有為是廣東南海人，從小讀了很多中國的經學、哲學和歷史著作，也閱讀了大量翻譯過來的外國書籍。二十一歲時，他去了一次香港，接觸到一些西方事

物，大開眼界，深深感到只有向西方資本主義國家學習，改革腐朽的封建制度，才能使中國富強。1888年起，他趁到北京參加鄉試的機會，幾次上書皇帝，陳述變法的重要性，主張中國要效法日本和英國，由人民選出代表成立議會，來輔佐皇帝管理國家。雖然他的信沒能到達皇帝手裏，可是他的名字傳遍了北京城。康有為感到個人的力量太單薄，就在廣州開設學館，一面講學，一面寫書，宣傳自己的主張。梁啟超是他的學生，聰明好學，十五歲就考中了舉人。梁啟超很同意康有為的主張，成了他的得力助手。

「公車上書」後不久，會試發榜了，康有為考中進士，被任命為**工部**③主事。《馬關條約》簽訂後，西方

小知識

①**都察院**：清代最高監察機關，亦負責向皇帝提建議。

②**公車上書**：從漢朝開始，官府出車馬接送被朝廷徵召入京的士人，叫做「公車」。後來舉人到京城趕考，也由各省派送，所以又把舉人入京應試稱為「公車」。此次康有為領導的是一次舉人上書皇帝的請願運動，所以叫做「公車上書」。

③**工部**：官署。掌管工程、屯田、水利、交通等政令，是六部之一。

列強紛紛前來企圖瓜分中國。在一兩年內，德國強佔了膠州灣，俄國霸佔了旅順，法國佔領了廣州灣，英國奪去了威海衞和香港九龍。國難當頭，而清政府卻越發腐敗無能。康有為在北京又接連四次給皇帝上書說：「瓜分大禍，迫在眉睫，國內也是人心離散，埋伏着反抗朝廷的危機。如再不進行變法，朝廷想佔半個中國都辦不到了，皇帝和大臣們想當普通老百姓都不可能了。」

都察院覺得康有為已是政府官員，又有一定的社會影響，便把他的一封上書轉呈給了光緒皇帝。

光緒皇帝載湉（粵音甜）是慈禧太后的外甥。同治皇帝十九歲那年病死前，原是要立自己的姪子載澍（粵音樹）為帝的，但是慈禧太后為了自己能繼續掌權，便自作主張選了四歲的載湉來繼承王位，大臣們哪敢說個「不」字，乖乖地聽任慈禧繼續垂簾聽政。到光緒皇帝十九歲那年，慈禧知道自己再也沒理由不交出權力了，便宣布撤簾歸政。而在事前，她安排了自己的姪女做光緒的妻子，又升了親信李蓮英為總管太監，來監視光緒皇帝和他身邊大臣的一舉一動。而且事實上朝廷大權仍在慈禧太后之手，沒有她點頭同意，光緒皇帝什麼也決定不了。

光緒皇帝對慈禧太后的專權十分不滿，又對朝廷的日益衰落深感憂慮。讀了康有為的上書以後，他感到了一線希望，覺得變法正是加強自己的地位、鞏固清朝統治的好辦法。於是他想召見康有為，可是恭親王奕訢反對說：「四品以下的官員不能接受皇帝召見，可命大臣傳話。」

　　於是，康有為被叫到總理衙門，由李鴻章、榮祿、翁同龢（粵音禾）等五位大臣來聽他申訴變法意見。

　　李鴻章傲慢地說：「祖宗留下的治國之道我們只能遵守執行，你是個讀書人怎能不知道這一點？你不怕留下不忠不孝的罪名嗎？」

　　康有為反駁道：「我們只是要改變其中陳舊腐朽的部分，才能富國強民。大人說祖宗之法不能變，那麼祖宗留給我們的疆土。如今怎麼被洋人一塊塊割去了呢？」一番話說得這位多次與洋人簽訂不平等條約的投降派大臣面紅耳赤，啞口無言。

　　北洋新建陸軍將領榮祿也氣呼呼地說：「祖宗之法千真萬確，我們就得遵守！」

　　康有為輕輕一笑：「祖宗只教我們使用大刀長矛，而大人您的北洋新軍為何用洋槍洋炮，豈不也違背

祖宗之法？」

　　另一位大臣説：「你要學英、日，搞什麼立憲和議會，豈不是不把皇上放在眼裏？」

　　康有為嚴肅地説：「如今皇上周圍有許多貪官污吏欺上瞞下，立憲及設議會後，皇上能直接聽取人民的意見來治國，自然會更受民眾愛戴而流芳百世。」

　　康有為義正辭嚴的話，説得他們無言以對。只有戶部尚書、光緒皇帝的老師翁同龢坐在一旁心中暗暗佩服這位才能出眾的年輕人，他立即向光緒皇帝作了匯報，主張重用康有為變法。

　　光緒皇帝下決心變法。他於1898年6月直接召見康有為，封他為總理衙門**章京**①，主持變法具體事務，其他維新派人物如梁啟超、譚嗣同、楊鋭、劉光第、林旭等也受封參與變法。短短三個月內，光緒皇帝向全國頒布了二百多道變法詔書，在政治、軍事、經濟和文化教育各方面進行改革，包括：撤消一些衙門機構，裁減多餘人員；廢除旗人的寄生特權；設立農工商局，獎勵農工商業的發展；改革財政制度，辦國家銀行；修建鐵路、開礦、辦郵政；廢除八股文，改革科舉制度；開辦**京師大學堂**②，設立新式學校；提倡廣開言路，准許自

由辦報等等。變法高潮時，一度出現了「家家言時務，人人談西學」的局面。

變法觸犯了以慈禧為首的頑固派的利益，遭到他們的激烈反對。六月中，慈禧太后任命親信榮祿為直隸總督，控制了京津地區的兵權及人事任免權。各地官員見實權仍在慈禧手中，便對新法陽奉陰違，消極抵制。等到光緒皇帝下令罷免違抗新法的禮部尚書，慈禧的親信懷塔布後，他和慈禧的矛盾白熱化。慈禧與榮祿密謀迫光緒退位，光緒皇帝感到形勢危急，先後發出兩道密詔，讓康有為等商量對策，迅速外逃。

康有為、譚嗣同等商量，認為只有殺掉榮祿才能救皇上。於是譚嗣同就去找榮祿手下的陸軍將領袁世凱幫忙，因為袁曾表示支持變法。袁世凱是個投機分子，他表面上滿口答允：「殺榮祿是輕而易舉的事！」但第二天馬上趕到天津去向榮祿告密。榮祿立即坐專車到北京向慈禧太后報告，慈禧大怒，下令將光緒囚禁在

小知識

①**章京**：清朝主持文書等事的六品官員。

②**京師大學堂**：中國近代最早的大學，戊戌變法的新政措施之一，以「廣育人才，講求時務」。1912 年 5 月改名為北京大學。

瀛台①，宣布國家大事仍由她處理。此次變法發生在戊戌年（戊，粵音率），所以叫做戊戌變法；從宣布變法到變法失敗，只有一百零三天，所以人們又稱它為「百日維新」。

接着，慈禧下令大肆逮捕維新派人士和官員。康有為已在接到光緒密詔後離開了北京，後來到了香港，譚嗣同勸梁啟超逃到日本公使館去（梁啟超後來輾轉到了日本），但是他自己卻拒絕逃跑，坐在家裏等待逮捕，他說：「各國變法都是經過流血才成功的，中國還沒有人因為變法而流血，這就是國家不興旺昌盛的原因。那就從我開始吧！」

四天後，譚嗣同和楊銳、林旭、劉光第、康廣仁、楊深秀一起被殺於菜市口刑場，後人稱他們為「戊戌六君子」。譚嗣同就義前面帶笑容朗誦了一首絕命詩：有心殺賊，無力回天；死得其所，快哉快哉！

六君子的血沒有白流，曇花一現的維新運動在社會上起了思想啟蒙的作用，使人們認識到封建腐朽的清政府是非推翻不可的了！

小知識
①瀛台：在今北京中南海東南面的一個小島。

19. 義和團運動與辛丑條約

　　光緒二十四年，即公元1898年，在山東和直隸一帶的村鎮裏，到處可以看到設壇習拳、練功比武的人羣，有的在獨自打拳，有的是幾個人在對打……別以為他們只是單純在練功夫強身，其實這是一個名叫「義和拳」的愛國組織的活動，他們以練習武藝來團結羣眾，組織羣眾抵抗外國侵略者。

　　鴉片戰爭以後，外國列強大肆侵略中國。許多傳教士來到中國，在各地建立教堂。一些傳教活動被利用作間諜活動，還霸佔老百姓的田地房產，欺壓當地羣眾。而清朝官員都站在洋人一邊，一旦百姓與洋人發生衝突，政府就不分青紅皂白地處罰百姓。百姓有冤無處伸，就自發組織起來，成立了一個秘密團體「義和拳」與洋人鬥爭。山東地區教堂林立，對百姓造成較大的滋擾，所以義和拳可以乘勢廣布各處。凡是百姓來求助，義和拳總是挺矛揮刀，為受害的窮人報仇，成為反洋教的一支強大力量。

　　可是義和拳的宣傳有迷信的成分。他們在各處設神壇、拳廠、供奉着「神靈」的牌位，像玉皇大帝、觀

音菩薩、托塔天王以及張飛、關羽、劉備等歷史人物，認為這些神靈可以保佑自己不被洋人殺害。義和拳的首領經常假託「神仙附體」、「天降御旨」來鼓動群眾，說是畫符唸咒讓神附到自己身上，就能刀槍不入。他們的武器僅是鋼叉、花槍、單刀、雙劍，完全不用新式的槍炮。當時正好慈禧太后命令各省自辦**團練**①，山東巡撫見義和拳禁絕不了，就順水推舟，出告示承認義和拳是民間團練，改名為義和團。從此義和團成為公開的組織，更加活躍了。

公元1899年，山東平原縣有一個教民地主串通政府官員欺凌村民，村民求義和團幫助，幾千名義和團民突襲平原縣城，燒了幾十座教堂，打死打傷教士及地痞流氓教民上百人，威震山東。清政府大驚，各國也向清政府施加壓力，要清政府鎮壓義和團，保護教士人身財產安全。清政府派袁世凱到山東任巡撫，主持鎮壓義和團事務。袁世凱一到山東就施行瘋狂鎮壓的血腥政策，迫使義和團轉入秘密活動。

小知識

①**團練**：宋代到民國初年，地主階級用來鎮壓農民起義的地方武裝組織。

這時，義和團的主力部隊轉入直隸，發展到天津和北京一帶。他們到處張貼告示說：「練習義和神拳，保護中原，驅逐洋寇。」他們的「扶清滅洋」口號吸引了許多百姓和清兵也來參加，開展了聲勢浩大的反洋教活動。北京城裏的鐵匠舖整日火光熊熊，為義和團打造武器。團民們頭包大紅巾，身穿大紅兜肚、黃裹腳，手持長矛大刀，雄赳赳地武裝巡視，監視洋人行動，懲辦作惡的洋人。千萬民眾上下一心，表達對外國侵略者的無比仇恨和抵抗到底的英勇精神。

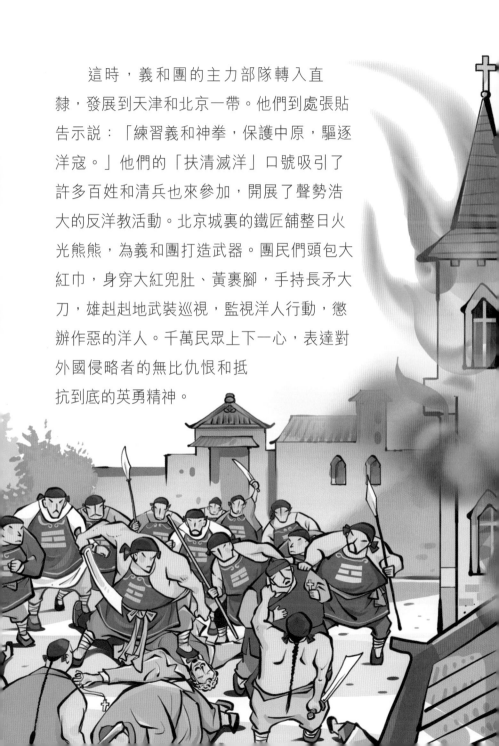

面對轟轟烈烈的義和團運動，清廷裏有兩種截然不同的態度：李鴻章和袁世凱主張嚴厲鎮壓，而軍機大臣剛毅和御前大臣載漪（粵音衣）則認為義和團神通廣大，可以利用他們去打洋人。此時的慈禧太后，正因為英、日、美等國不同意她廢光緒帝後欲立載漪之子為帝的作法而大為生氣，就決定借義和團的力量來教訓洋人，煞煞洋人的威風，企圖讓義和團和洋人兩敗俱傷，一箭雙鵰。於是，慈禧太后下令承認義和團的合法地位。

1900年6月10日，英、法、俄、美、日、德、意、奧八國組成兩千多名聯軍，打着「保護使館」的旗號，從天津向北京進攻。義和團奮起抵抗，侵略軍沒有得逞，退回天津。各國調來三十二艘軍艦和一萬多名登陸部隊，再次發動進攻。清政府正式向各國宣戰。各路義和團懷着對侵略者的深仇大恨，積極組織反抗，決心血戰到底，在多處成功擊敗聯軍。正當義和團在前線奮戰時，慈禧太后見義和團聲勢太大，又翻過臉來下令清軍不惜餘力屠殺義和團。義和團抵擋不住清軍和八國聯軍的兩面攻擊，損失慘重，天津城被八國聯軍佔領了。

八國聯軍二萬多人，從天津沿運河向北京進犯，途中又遭到義和團的打擊，不到二百里的路程走了半個

月才到北京城下。慈禧太后派李鴻章出城求和不成，只得化裝成村婦，帶着光緒皇帝和親信大臣，狼狼逃往西安。北京城陷入一片混亂，義和團組織力量抵抗侵略軍。經過三天三夜的肉搏，八國聯軍才攻進皇宮，他們在北京大燒、大搶、大殺了三天，大批中國人民慘遭殺害，皇宮和頤和園內的大量珍貴文物被洗劫一空。我國古代最大的**類書**①《**永樂大典**》②也被焚燒搶劫，部分至今還被擺放在紐約、倫敦、巴黎的博物館裏。

慈禧太后以光緒的名義發布上諭，把一切罪過推到義和團身上。清軍便和八國聯軍一起圍剿義和團。義和團運動終於失敗了。

清政府又一次派出李鴻章向侵略者求和，以外國承認慈禧的地位為條件，接受了他們提出的十二條議和大綱。1901年9月簽訂了屈辱賣國的《辛丑條約》，允許各國在北京、天津、山海關駐兵，拆毀那兒的炮台，中國向各國賠償軍費四億五千萬兩白銀。以當時中國人口來算，正好每個人賠一兩！

小知識

① **類書**：摘錄各種書上有關的材料，並依照內容分門別類地編排起來以備檢查的書籍。

② 《**永樂大典**》：類書名。明成祖命解縉等人輯成。全書按韻目分列單字，按單字依次輯入與此字相聯繫的各項文史記載。

20. 孫中山與同盟會

　　大家都知道孫中山先生，正是這位偉大的人物領導中國的民主革命成功，推翻了滿清皇朝，結束了中國幾千年的封建帝制統治，建立了共和制的國家。因此人們尊稱他為「國父」。你可知道孫中山所走過的革命道路的詳情？一起來讀讀這段感人的故事吧！

　　孫中山先生本名孫文，字德明，號日新。廣東**香山縣**①人。廣東香山縣「日新」的發音是「逸仙」，後來他就把自己的號改為逸仙。他又曾化名為中山樵，所以人們習慣地稱他為孫中山。

　　孫中山出生在一個農民家庭，幼年時家庭生活很貧苦。後來他哥哥孫眉到**檀香山**②去謀生，辦起了商店和牧場，成了一個華僑商人，常常資助家中，因此孫家才漸漸富裕起來，孫中山也得以進小學讀書。

　　孫中山小時候很喜歡聽村裏的老人講太平天國起義的故事，太平天國反抗清朝腐朽統治的事跡，在他幼小心靈裏留下深刻印象，他甚至想長大後要做「洪秀全第二」。他很贊成太平軍裏男女平等的思想，甚至以此來反對家裏強迫姐姐纏足。

十三歲那年，孫中山跟母親到檀香山哥哥家住了一段日子。西方世界先進的科技和民主政治使他的思想受到很大衝擊。他很敬佩華盛頓、林肯等革命家，也想與他們一樣，幹一番除舊立新的大事業。

那時的中國老百姓由於受到洋人和清政府的雙重剝削，生活艱苦，營養不良，骨瘦如柴，加上鴉片泛濫，很多人吸食鴉片成癮，面色蠟黃，弱不禁風，被洋人譏為「東亞病夫」。每次孫中山聽到這話，心中又氣又恨，真想讓中國人個個強壯起來！

於是他立志學醫，想以醫救國。他非常刻苦學習，二十六歲那年以全校第一名的成績從香港西醫書院畢業，在澳門、廣州一帶行醫。他醫術高明，態度認真，對貧困病人從不收費，還贈送藥品，所以很受羣眾愛戴，被稱為「醫仙」。同時，孫中山十分關心國家的命運，他常和一些志同道合的朋友討論救國救民的辦法。他漸漸認識到，只是使中國人有強壯的身體是不夠

小知識

①**香山縣**：今改名為中山縣。

②**檀香山**：美國在太平洋中的島嶼，夏威夷州的首府和港口，也叫火奴魯魯。

的，要真正拯救中國，就要學習西方的科學技術，改造中國。光緒二十年（公元1894年），孫中山寫了一封八千多字的《上李鴻章書》，建議清政府仿照西方資本主義制度，興辦學校培養人才；興修水利發展農業生產；開礦山修鐵路，開辦近代工業；並要嚴懲貪官污吏等等。寫好後，孫中山和好友陸皓東從廣東到天津遞交上書，並請求李鴻章接見，面陳意見。但是李鴻章根本不把這鄉下醫生放在眼裏，拒絕接見。

碰了釘子後，孫中山開始認識到上書請願達到改革是行不通的。甲午戰爭的結果，也使他看清國家的衰敗正是清朝腐朽的封建統治的結果，富國強民的唯一道路是革命，要推翻滿清統治，打倒貪官污吏。

於是他開始了積極的革命活動。他再次來到檀香山，聯絡了很多華僑，宣傳自己的主張，並籌集活動經費。就在這一年（公元1894年），孫中山在愛國僑胞贊助下創立了「興中會」，他起草的章程中說明此會宗旨是「振興中華、聯絡中外華人，申民志而扶國宗」。當時會員發展到一百二十多人。第二年，孫中山又回到香港，與陸皓東等人成立了香港興中會，會員有幾百人，宣誓要「驅除韃虜，恢復中華，創立合眾政府」。

經過半年準備，興中會決定在當年的重陽節在廣州舉行武裝起義。但是由於叛徒告密，沒有成事，起義領導人陸皓東等四十多人被捕後慘遭殺害。孫中山稱讚陸皓東是「中國有史以來為共和革命而犧牲之第一人」。

廣州起義失敗後，孫中山遭到清政府通緝，亡命日本，後來又到美國、英國去考察資本主義國家的社會情況，在華僑中積極宣傳革命，發展組織，準備再次起義。清政府知道他逃到國外，下令中國駐外使館協助捉拿。1896年，孫中山在英國倫敦被清政府駐英使館誘捕，囚禁在使館，打算把他裝在木箱內運回國去。他的英國老師康德黎夫婦得到消息後，在報上刊登「清政府

無恥綁架革命領袖」的消息，引起公憤。在英政府和輿論的壓力下，清使館只得放了孫中山。

倫敦蒙難促使孫中山更積極地投身革命。後來他去了日本。當時上海和日本的東京是中國革命者活動的中心，他們從戊戌變法和義和團的失敗中看清了改良的辦法救不了亡國的命運，農民自發鬥爭也難以戰勝國內外敵人，必須進行革命，推翻滿清皇朝的統治。二十世紀初，民主革命思想在中國廣泛傳播，湧現了許多革命團體，但人力分散，很難組織大行動。孫中山和黃興、宋教仁、陳天華等人於1905年8月創立了「中國同盟會」，在各省都有分會，把反清革命力量團結在一起。被選為總理的孫中山提出同盟會的綱領可以概括為**三民主義**①，即民族、民權、民生。從此反清革命有了一個指導中心，中國的民主革命進入一個新的發展階段。

小知識

①**三民主義**：同盟會綱領。民族主義是推翻滿清統治，恢復政權；民權主義是廢除君主專制，建立民國；民生主義是平均地權。1924年孫中山發表新三民主義，民族主義是對外反對帝國主義，對內求得各民族平等；民權主義是建立一般平民所共有，非少數人所得而私的民主政治；民生主義以平均地權和節制資本為中心。

孫中山史跡徑

　　國父孫中山先生與香港有很多關連之處，香港島上還專闢了一條孫中山史跡徑，那是在 1996 年孫中山先生誕辰一百三十周年時，中西區區議會創議設立這條路徑以誌紀念。

　　史跡徑由香港島西營盤東行到中環，全長約 3.3 公里，包括十五個景點，把孫中山生前在香港讀書、居住、進行宗教活動和從事革命活動的地方串連起來，顯示他與香港的密切關係，由此使公眾對孫中山的革命思想與愛國情懷能有更多認識。

　　史跡徑中重要的幾個地方是：

　　最西邊第一站是香港大學，它的前身是香港西醫書院，是孫中山在 1887 年至 1892 年學習西醫的地方，五年間他刻苦學習，為日後從醫打下堅實的基礎。

　　東邊街入口的拔萃男書室舊址是 1883 年十七歲的孫中山隻身來到香港入讀的第一間學校。幾個月後他就轉到歌賦街的中央書院舊址（為香港第一所官立學校，提供西式教育，是皇仁書院的前身，現在是聖公會基恩小學校址）。

　　歌賦街 8 號楊耀記舊址是當年孫中山與陳少白、尤列、楊鶴齡三人聚會的地方，他們四人志同道合，經常在楊家這個祖店暢談反清救國大計，後人稱他們是「四大寇」。

　　士丹頓街 13 號現時的永善菴當年叫乾亨行，別小看這一家商號，它是中國第一個革命組織——興中會的總部所在地呢！

　　結志街 52 號是 1901 年香港興中會會長楊衢雲（衢，粵音渠）被暗殺的地方。

　　荷李活道的道濟會堂舊址、美國公理會布道所舊址則是當年孫中山經常去做禮拜的教堂。

　　在這條史跡徑上孫中山所到過之處，都立有牌匾說明。同學們在假日可結伴前去一走，緬懷這位改變中國命運的偉人吧。

21. 清政府的「新政」騙局

公元1901年1月，一向蠻橫專制的慈禧太后突然宣布，自己也要「變法」了。戊戌變法失敗之事人們還記憶猶新，菜市口刑場上就義的六君子的血跡尚未乾，慈禧太后怎麼會來此一百八十度的大轉變？原來，這是她順應形勢，欺騙國內外輿論的手段，企圖以此來維持自己搖搖欲墜的統治地位。

戊戌變法事件後，慈禧太后軟禁了光緒皇帝，立端王載漪的兒子溥儁（粵音俊）為**大阿哥**①，來取代光緒。誰知這事遭到各國的強烈反對。各國認為光緒皇帝比較開通，主張向西方學習又反對慈禧支持義和團，是位對外國人有利的開明君主，不應當廢除。因此各國公使都拒絕入宮慶賀，表示不承認這位「大阿哥」。後來八國聯軍又攻進北京，慈禧太后不敢再得罪洋人，只好廢去大阿哥，保留着光緒那名存實亡的帝位。可是從這件事慈禧也看到，再不裝潢門面地做點改革的樣子的話，自己的地位難保了。

小知識

①**大阿哥**：清代稱年長的皇子為大阿哥，也即皇位繼承人。

這時，全國各地要求改革的呼聲很高。不少到外國留過學的知識分子接受了西方民主革命思想的影響，擁護天賦人權、自由平等等學說，並翻譯出版了《美國獨立戰爭》、《法國革命史》以及一些革命理論書籍宣傳革命思想。戊戌變法失敗後，康有為、梁啟超等仍頑固地堅持走當時已落後於形勢的改良主義道路，害怕革命。他們不斷發表一些歌頌**君主立憲**①、誹謗革命的文章，當時有浙江人章炳麟寫了《駁康有為論革命書》一文，痛斥了康有為所謂「中國只可立憲、不可革命」的保皇論，指出革命是除舊布新的良藥，提倡革命、實現民主共和是不可抗拒的歷史潮流。這篇文章流傳很廣，在當時產生了積極的影響。

　　另有四川人鄒容在上海出版了《革命軍》一書，提出革命建國綱領，主張在推翻清朝統治後，建立獨立、民主、自由的「中華共和國」。這本書發行一百萬冊，對民主革命思想的傳播起了很大作用。湖南人陳天華用通俗的文字寫了《猛回頭》、《警世鐘》兩書，指出清政府已成了洋人的朝廷，是帝國主義侵略中國的工具。要反對帝國主義的侵略，就必須反對清政府的反動統治。他還主張「要拒洋人，須要先學外人的長處」，

不要盲目排外，「要學那，法蘭西，改革弊政；要學那，美利堅，離英獨立。」這兩本書對喚起人民的覺醒、鼓舞革命鬥志起了重要的推動作用。

　　此時中國處於民主革命的前夕，革命一觸即發，清政府岌岌可危。1901年1月，慈禧太后以她和光緒皇帝的名義發出文告說，皇太后和皇帝要齊心一致實行變法，取外國之長補中國之短，說國家安危全在於此。清政府的「新政」開始：獎勵私人資本辦工業；廢除科舉制度，建立新式學堂，派遣學生出國留學；改革軍制，編練新軍等。這些本來是戊戌變法的內容，現在慈禧接過來說成是自己的「變法」。在實行新政的過程中，政府大量增加捐稅，加重對人民的剝削。

　　1905年8月，孫中山在日本東京聯合了**華興會**②、

小知識

①**君主立憲**：君主國家制定憲法，實行議會制度，以限制君主權力，比君主專制多了一點民主。當時英國、日本均採用此制度。

②**華興會**：1904年初，留日學生黃興、陳天華、宋教仁等在湖南長沙建立的革命組織，黃興為會長，提出「驅除韃虜，復興中華」的政綱。本擬在長沙舉行武裝起義，沒想到計劃外洩，黃、宋等人逃往日本。

光復會①、興中會等反清組織和愛國人士，成立了同盟會，並提出「驅除韃虜，恢復中華，創立民國，平均地權」十六字綱領。消息傳到北京城，氣得慈禧暴跳如雷。迫於形勢，她又同意實行君主立憲，先派了五個大臣出國考察立憲政治。第二年，大臣們回國後，向慈禧太后報告說：「天下人心思變，如果不實行任何變動，就不能安定人心，革命黨就會乘機製造混亂。」慈禧太后說：「立憲可以，但大權得由我掌握。」大臣們說：「那當然。可以先宣布立憲以穩定人心，至於什麼時候實行、怎麼實行，還不是由太后您決定？」

於是清政府下詔「預備立憲」，規定「大權統於朝廷，庶政公諸輿論」，也即她仍掌握大權，下面的人可以發議論，至於實行的時間則提也沒提。消息傳到日本，康有為、梁啟超欣喜若狂，積極組織立憲政黨，準備回去做清朝的立憲功臣。革命派與他們展開針鋒相對的鬥爭，指出這羣保皇黨人鼓吹君主立憲是在給清政府幫腔，欺騙人民。

不久，清政府下令改革了一部分官吏制度，在中央設立「資政院」，各省設「諮議局」，還頒布了一個《欽定憲法大綱》，成立了以皇帝的本家為主的「皇族

內閣」。立憲派本想通過君主立憲獲得部分權力，如今見清朝皇族進一步加強集權，獨攬大權，非常不滿，內部產生了分裂，一部分人看清了慈禧太后假立憲的真面目後，轉入革命派的陣營。

光緒三十四年（公元1908年），七十四歲的慈禧太后因病死去。在她死的前一天，病倒在瀛台的光緒皇帝竟先她而死，不少人懷疑是否慈禧在死前下的毒手，但沒有切實的根據，而且三十八歲的光緒皇帝多年以來心情鬱悶，體弱多病，因病去世也不是沒可能，此事至今仍是歷史懸案。

慈禧死前仍抓緊大權不放，讓只有三歲的溥儀繼承皇位，就是清朝的第十代，也即末代皇帝——宣統帝。溥儀的父親載灃（光緒皇帝的親弟弟）當攝政王代行職權。傳說坐在龍椅上的溥儀在登基大典上哭叫着要回家，他父親哄他説：「別哭，快完了！」果真一語成讖，虛弱的清皇朝不久之後就完結了！

小知識

①**光復會**：1904 年冬在上海成立的革命團體，蔡元培任會長，以反對滿族貴族的封建專制，建立共和國為宗旨。

22. 鑒湖女俠秋瑾

在浙江省杭州市美麗的西子湖畔，你可以見到一座素淨的小小圓墓，在這裏安息着的是為中國革命而獻出了自己年青生命的奇女子秋瑾。

秋瑾字璿卿，號競雄，又稱鑒湖女俠。她原籍浙江紹興，出生在廈門，家中世代為官。她從小聰明伶俐，讀了很多書，寫詩作詞樣樣精通，又跟表哥學會了騎馬舞劍、拿槍弄棒，愛仗義助人，在江浙一帶很有名氣。

十九歲那年，秋瑾嫁給一個富家子弟，生了兩個孩子。後來她隨着做了官的丈夫到北京住下，結交了很多思想進步的朋友，經常看一些提倡民主政治的新書新報，大開眼界。八國聯軍攻佔北京時，秋瑾一家到南方避難，途中看到外國侵略軍燒殺搶劫無惡不作，秋瑾感慨萬分，她說：「清政府腐敗無能，所以中國人受外國人的欺凌，作為中華兒女，就應該擔負挽救國家的重任。」

國難當頭，激起了秋瑾強烈的愛國心。從此她開始參加一些革命活動，她丈夫是一個只知升官發財的官員，當然不希望妻子成為一個革命者，常常譏笑她：

「婦道人家應該在家沏茶做飯，革什麼命？不怕別人笑話！」

秋瑾反駁道：「那麼多革命者為國捐軀了，我們怎能安坐家中享清福？只管家中的柴米油鹽等瑣事，不問國事，是婦女的恥辱，再也不能如此虛度一生了！」

1904年春，二十五歲的秋瑾毅然離開了丈夫和孩子，東渡日本去學習救國的本領。她一面讀書，一面結交愛國志士。她與一些革命者一起先後組織了「**共愛會①**」和「**十人會②**」，並參加了「三合會」和「光復會」。在光復會裏她結識了徐錫麟，兩人結下了深厚的友誼，並於次年一起參加了孫中山領導的同盟會。總之，凡是反清的活動和組織，她都積極參加；凡是有關民族解放和婦女解放的工作，她都積極去幹。她常穿

小知識

①**共愛會**：秋瑾與《蘇報》主辦人陳範的女兒陳擷芬於 1904 年組織的婦女救護組織，以「反抗清廷，恢復中原」為宗旨，準備一旦作戰就奔赴前線救護受傷戰士。

②**十人會**：秋瑾和劉道一、仇亮、王時澤等人組織的革命團體。

「和服」或男式服裝，佩帶着日本**倭刀**①，大家都很欽佩這位不讓**鬚眉**②的鑒湖女俠。

就在這一年，清政府和日本政府相勾結，禁止留學生從事革命活動，學生罷課抗議。秋瑾主張罷學回國。她在一次討論會上抽出日本倭刀激動地説：「如果有人回國後賣友求榮，投降清朝，就吃我這一刀！」説着「啪」的一聲，把刀插在講台上。

回國後，秋瑾先在上海辦《中國女報》，提倡男女平等，並教女學堂，後來和徐錫麟一起來到紹興大通學堂主持校務。他們計劃於1907年7月在浙江和安徽同時起義，徐錫麟擔任首領，秋瑾是協領。

徐錫麟便回安徽安慶去籌備。他設法取得安徽巡撫恩銘的信任，擔任**巡警學堂**③**會辦**④等重要職務，秘密進行革命宣傳和組織活動，在學員中發展了不少革命黨人。不料起義前幾天，有個革命黨人在上海被捕後招供説，有個革命黨人已打進安慶官場，但不知其真實姓名，並寫出了他所知道的革命黨人名單。恩銘來找徐錫麟商量如何查辦此案，徐錫麟接過名單一看，第一個名

字就是自己的化名！他知道自己的真實身份將暴露，就決定提前動手。

七月六日，巡警學堂舉行畢業典禮，巡撫恩銘前來參加和檢閱。正當他大搖大擺走近禮堂時，革命黨人陳伯年從人羣中扔來一顆炸彈，但是沒有爆炸，恩銘嚇得跌倒在地。此時徐錫麟一個箭步上前把恩銘扶起，一邊說：「大人不要怕，我來捉拿刺客。」一邊從靴筒裏掏出手槍，對準恩銘胸口「啪啪」兩槍。這時秩序大亂。徐錫麟率領三十多名學員衝出大門，佔領了軍械所，搬出大量槍枝彈藥，但是聞訊趕來的清兵已團團包圍他們，經過激烈的戰鬥，陳伯年當場犧牲，徐錫麟也身負重傷，他冒死掩護一名通訊員衝出重圍去向秋瑾報信，結果自己被俘，被清軍殘酷殺害。

小知識

①**倭刀**：中國古代稱日本為倭，倭刀是古代日本所製的佩刀，以鋒利著稱。

②**鬚眉**：鬍鬚和眉毛，指男子。

③**巡警學堂**：專門為清政府培養地方治安人員的學校。

④**會辦**：相當於學校的教務長。

秋瑾正在紹興大通學堂制定起義計劃，接到安慶起義失敗的消息後馬上燒毀文件，通知革命黨人趕快躲避。別人勸她到外地去避一避，她斬釘截鐵地說：「革命總是要流血的，我要成為中國女子為革命流血的第一人！」

清兵包圍了大通學堂，秋瑾下令抵抗。經過一個多小時的搏鬥，清兵衝入校內。秋瑾命令其他人從後門撤逃，她自己手提六輪手槍衝向前門應戰，被清軍逮捕。紹興知府想從秋瑾嘴裏逼出革命黨組織的全部情況，以便一網打盡。不管他們如何威逼利誘、嚴刑拷打，秋瑾咬緊牙關，不吐露一個字，她在給她寫口供的紙上寫下了「秋風秋雨愁煞人」七個大字，從容就義，年僅三十一歲。

辛亥革命勝利之後，孫中山曾親臨杭州秋瑾墓地奠祭秋瑾，並題贈了「巾幗英雄」匾額。後來，秋瑾故鄉的人民在她殉難地豎了一塊紀念碑，並建了「風雨亭」紀念這位獻身中國民主革命的女英雄。

23. 黃花崗七十二烈士

秋瑾、徐錫麟的死並沒有嚇倒革命者，各地的反清活動風起雲湧，武裝起義接連不斷，其中最壯烈和影響最大的一次，要數是1911年4月27日的廣州**黃花崗**①起義。

自從同盟會成立以後，革命黨人曾組織過許多次起義，但由於準備不足或叛徒出賣等各種原因，都沒能成功。為了鼓舞人們的鬥志，堅定革命必勝的信念，同盟會領袖孫中山、黃興等人商量決定在廣州舉行一次大規模的起義。年初，孫中山召集各地同盟會領袖來到香港開會，研究有關起義的各項事情，最後制定了起義方案：首先佔領廣州，然後北上，經過湖南、湖北和江西，直搗北京，推翻清朝統治。

小知識

①**黃花崗**：本名紅花崗，安葬廣州起義烈士後改名為黃花崗。在廣州市東郊白雲山麓。1918年由華僑捐款建成墓園，解放後經擴大修繕，廣植林木，闢為紀念公園。黃花崗七十二烈士墓為全國重點文物保護單位。

為了保證起義成功，會議決定成立統籌部，負責起義前的各項準備工作。黃興為部長，趙聲為副部長，孫中山則親自率領一些革命黨人到南洋及歐美一帶的華僑中去募集經費。他們募集到二十多萬元，統籌部用這筆款項從外國購買了大量槍枝彈藥運到廣州。統籌會還派了許多同盟會會員前往長江流域聯絡各地會黨，並鼓動**新軍**①中的先進分子投身革命，以響應廣州起義。同時，統籌會又根據會員林覺民的建議，成立了一支敢死隊作為起義軍的先鋒，並任命林覺民負責敢死隊隊員的挑選和訓練工作。一切進行得很順利。經過幾個月緊張而周密的籌劃，準備工作大體就緒。起義日期臨近時，不料又出了意外。

　　廣州的一部分革命黨人為了減少起義的阻力，沒有和黃興等領導人商量，就決定暗殺水師**提督**②李准。同盟會會員溫生才自告奮勇去執行任務，卻在四月八日誤殺了廣州將軍孚琦。事件發生後，兩廣總督張鳴岐嚇得惶惶不可終日，下令廣州城立即戒嚴，到處搜捕革命黨人。在一次搜捕中，清兵發現了大批槍枝彈藥，張鳴岐預感到廣州將發生大叛亂，慌忙調兵遣將加強防務，派精銳部隊控制了各個要害地帶。

這突如其來的事件打亂了起義的計劃，黃興就把起義日期從四月十三日延遲到四月二十七日。不料二十五日總督張鳴岐又突然把駐防外地的三個營調回廣州，還派兵控制了制高點**越秀山**③。黃興知道革命黨內部有奸細向敵人洩露了起義計劃，但是軍火已運到廣州，革命黨人也已分批抵達，沒有退路了。於是統籌部當機立斷，決定於二十七日起義。

這一天下午五點半，在響亮的海螺號聲中，全副武裝的起義隊伍集中在一起，黃興帶頭宣誓：「為國捐軀、萬死不辭！」他們分四路行動。黃興和林覺民率領

小知識

①**新軍**：清朝末期建立的新式陸軍，使用洋槍洋炮，並按照外國軍隊的訓練方法訓練。清政府以北洋新軍為中央軍，各省新軍為地方軍，藉以鞏固其垂危的封建統治。但在革命黨人的積極活動下，各省新軍中的下級軍官和士兵傾向革命的人日多，成為日後革命的重要力量。

②**提督**：官名，全名為提督軍務兵官，簡稱提督，一般為一省的高級武官，但仍受總督或巡撫節制。

③**越秀山**：一稱粵秀山，俗稱觀音山，在廣州市北，為白雲山餘脈，以有越王台故址得名。

一百三十多人的敢死隊直衝總督衙門，他們認為只要攻下衙門，抓住總督張鳴岐，就可佔領廣州。

敢死隊員向守衛總督衙門的士兵喊話：「我們都是同胞，舉起手來，繳槍不殺！」衛兵不聽，舉槍頑抗，被敢死隊開槍撂倒幾個，其餘的向裏逃跑。黃興等人乘勢衝入大堂。張鳴岐聽說革命軍打進了衙門，從後門逃走了。革命黨人在內宅找不到張鳴岐，放了把火就退出了衙門。不多遠處遇上了水師提督李准的大隊人馬，雙方展開激戰。黃興的右手兩個指頭被敵人的子彈打斷，但他仍忍痛用斷指的第二節扣槍射擊。敢死隊員一批批倒下了，形勢很不利。這時，革命軍中躍起一個叫喻培倫的青年，他胸前掛了一個裝滿炸彈的大筐，一邊衝一邊向敵人投擲炸彈，如此為革命軍衝出一條血路。敢死隊就佔領了一家糧店，疊起米袋當工事，一直戰鬥到第二天早上，打死很多敵人。清軍放火燒糧店，此時革命軍已經彈盡力竭，在突圍中有的中彈陣亡，有的被打傷燒死，也有的不幸被俘。其餘幾路也因寡不敵眾，敗退下來。

起義失敗了。張鳴岐和李准下令在全城搜捕革命黨人。在巡警中的革命黨人的協助下，一些革命黨人化

裝成巡警出城巡查，逃出了險境。黃興也被羣眾掩護，化裝逃到了香港。林覺民、喻培倫等革命黨人被俘後在敵人面前英勇不屈、視死如歸，最後都被殺害。同盟會會員潘達微賣了自己的財產在廣州城外黃花崗買了一塊墓地，冒着生命危險收集到七十二具烈士的遺體安葬在那兒。從此人們把他們叫做「黃花崗七十二烈士」，把這次起義稱作「黃花崗起義」。每到清明節，人們都要來到這裏，悼念這些在大革命勝利前夕為國捐軀的死難烈士。

24. 武昌城的槍聲

　　黃花崗起義後，全國武裝暴動此起彼伏，醞釀着更大規模的起義。宣統三年（公元1911年）四月，國庫空虛的清政府宣布把已歸為商辦的修築鐵路權收歸國有，隨後又和英、法、美、德四國簽訂借款築路的合同，等於把築路權讓給外國人。這激起了全國人民的反對，廣東、湖南、湖北、四川等地爆發了一場聲勢浩大的保路運動，其中最激烈的是四川省。鐵路公司成立了保路同志會，發動請願，舉行罷工罷市罷課，反對賣國。清政府出動軍隊血腥鎮壓，造成了成都慘案。保路鬥爭實際上成了十月武昌起義的導火線。

　　當時，清政府把湖北省的新軍調入四川鎮壓保路運動，省內兵力空虛，革命黨人認為這是起義的好機會，便積極準備起義。

　　武漢三鎮（武昌、漢口、漢陽）歷來是中國政治、經濟、交通、軍事重鎮，反清的革命黨人很早就在此展開了活動。為了防止清政府的鎮壓和破壞，1911年1月，革命黨人把組織的名稱改為「文學社」，在研究文學的名義下從事革命活動。他們着重在湖北的新軍中

發展革命力量。文學社的主要領導人蔣翊武（翊，粵音亦）、劉復基等人本身就是新軍士兵，所以很方便在新軍中宣傳革命思想。到了七月，新軍中有三千多人成為文學社社員，整個新軍有三分之二的人支持革命，這就為武昌起義奠定了良好的羣眾基礎。

在武昌另有一個革命團體叫共進會，是同盟會設在武漢的支部，領導人是孫武和鄧玉麟，他們與新軍的下層軍官有密切聯繫，擁有會員二千多人。

九月，文學社和共進會在武昌舉行聯席會議，決定聯合起來成立起義總指揮部，由蔣翊武為總指揮，孫武任參謀長。他們和在香港的黃興取得聯繫，準備在中秋節（十月六日）動手。不料在起義之前，接連發生了兩次自我暴露的事件：

一是南湖事件。駐守南湖的新軍炮隊的革命黨人孟發臣等在為將要退伍的戰友擺酒送行時過份嘈吵，與前來干涉的軍官發生爭執。軍官踢翻了酒席，並責打他們各幾十軍棍。士兵們見長官如此蠻橫，便拖出幾門大炮要轟擊軍官宿舍，由於炮中沒有**撞針**①而未能打響。

小知識

①**撞針**：槍炮裏撞擊子彈或炮彈底火的機件。

這件事引起清朝官員的警覺，湖廣總督瑞澂（粵音晴）立即下令布置防務措施，加強了城防力量，迫使革命黨人把起義日期延至十月十一日。

可是到了十月九日，又發生了一件意外事情。那天，孫武等一批革命黨人在漢口俄租界的革命總機關趕製炸彈，有人不小心將香煙的火星落入炸藥中引起爆炸，孫武被炸至重傷。俄國巡捕趕來抓到了幾個人，並抄走了革命黨人準備起義時用的文告、旗幟、**印信**①、鈔票和宣傳品等，轉交給清朝地方官。總督瑞澂得知革命黨人馬上要起義的消息後，一面下令兵艦停泊在總督衙門附近的江邊，準備接載他隨時逃走；一面下令全城戒嚴，大肆搜捕革命黨人。蔣翊武等馬上召開緊急會議，商量對策。劉復基說：「與其坐而待捕，不如立刻發動起義，與清朝拼！」

大家都同意這意見，決定當晚十二點起義。但是晚上十點，軍警到總指揮部來搜捕，劉復基、彭楚藩、楊洪勝等負責人被抓去立即槍決，蔣翊武等人逃亡，起義失去了統一指揮，眼看就要夭折。在這緊急關頭，新軍工程營的革命黨總代表熊秉坤挺身而出，召集各隊代表說：「我們已經騎虎難下，名冊已被敵人搜去，今日

反也要死，不反也要死，轟轟烈烈幹一番事業，死了也值得。我們防守軍械庫，應該首先起義，因為各營起義後都要來領取彈藥，我們不動手別人也不敢動手。」於是大家決定晚上七點以後起義。

晚上七點，一個排長巡查後發現了幾個士兵在擦槍準備起義，他起了疑心要去報告，被士兵們開槍打死，旋即行動。就這樣，幾個新軍革命士兵的槍聲，揭開了武昌起義的序幕。

士兵們打死了三個軍官，找到熊秉坤，熊帶領四十多人佔領了軍械庫，以總代表身分宣布：「從現在起，我們的軍隊叫湖北革命軍，今晚作戰目標是攻佔總督衙門，以完成武昌獨立為原則，口令是『同心協力』。」熊秉坤覺得自己只是個**正目**②，指揮作戰經驗不足，就推舉左**隊官**③吳兆麟為總指揮。吳要求大家絕對服從命令，然後作了部署。此時別的營的起義士兵和學生也來支援，南湖炮隊拉來了十多門大炮，約有二千人的革命軍開始了圍攻總督衙門的戰鬥。

由於天黑，目標不清，而且清兵火力強大，所以第一次炮兵和步兵的進攻未能成功。吳兆麟就派人分三路去衙門前放火，火光沖天，亮如白晝，炮兵就大顯神威，十發九中。步兵人馬在炮兵掩護下衝向總督衙門。總督瑞澂慌忙叫人在後牆鑿洞逃之夭夭。熊秉坤組織的三四十人的敢死隊衝破前後敵人的包圍，衝入總督衙門。黎明時分，武昌全城被革命黨人控制，**十八星旗**①高高飄揚在**黃鶴樓**②頂。數百名革命士兵在戰鬥中獻出了生命，用鮮血換來了勝利。十一日晚，漢口的新軍也起義成功。這一年是農曆辛亥年，所以這次武昌起義也叫辛亥革命。

小知識

①**十八星旗**：也稱鐵血十八星旗、鐵血旗、九角旗、首義之旗，原是共進會的會旗，後成為武昌起義勝利的標誌。旗面紅色，象徵鐵血精神；中央的黑色九角代表中國九州；十八顆小黃星是十八個省。全旗示意要國家統一、民族團結。這面旗幟現收藏在中國人民革命博物館裏。

②**黃鶴樓**：在武漢市蛇山的黃鵠磯頭，長江之濱。相傳始建於三國時代，已有一千七百多年歷史，被稱為「天下江山第一樓」。

武昌起義的勝利好似一聲驚雷，掀起了全國革命風暴，首先是湖南、陝西兩省響應起義，緊接着全國十五省市都發生新軍起義，成立軍政府，宣布脫離清政府獨立。1911年12月15日，孫中山由歐洲回國，被推舉為臨時共和國大總統。1912年元旦，孫中山在南京宣誓就職，中華民國臨時政府正式成立，定都南京，採用**五色旗**[①]為國旗，改用公曆，當年為民國元年。

　　自從孫中山創立同盟會以後，先後經過十次起義失敗，革命黨人不屈不撓，前赴後繼，終於取得了第十一次革命——辛亥革命的成功。所以人們尊孫中山先生為「國父」。

　　公元1912年2月12日，宣統帝溥儀正式下詔退位，結束了滿清對中國二百六十八年的統治，中國二千多年的君主專制制度宣告完結，中國歷史上出現了民主的曙光，中國歷史踏入一個全新的紀元。

小知識

①**五色旗**：1911年至1927年的中國國旗。五色即紅、黃、藍、白、黑五種顏色，表示漢、滿、蒙、回、藏五族共和。

大事表

清朝	
公元1644年（明崇禎十七年、清順治元年）	李自成入北京，明朝滅亡。清朝從瀋陽遷都北京。
公元1681年（清康熙二十年）	平定三藩之亂。
公元1689年（清康熙二十八年）	中俄簽訂《尼布楚條約》。
公元1697年（清康熙三十六年）	平定噶爾丹叛亂。
公元1782年（清乾隆四十七年）	《四庫全書》編成。
公元1796年（清嘉慶元年）	白蓮教起義。
公元1813年（清嘉慶十八年）	天理教起義。
公元1839年（清道光十九年）	欽差大臣林則徐到廣州查禁鴉片，虎門銷煙。
公元1840年（清道光二十年）	第一次鴉片戰爭爆發。

公元1842年 （清道光二十二年）	中英《南京條約》簽訂，香港割讓給英國。
公元1844年 （清道光二十四年）	簽訂中美《望廈條約》、中法《黃埔條約》。
公元1851年 （清咸豐元年）	洪秀全領導金田起義，建號「太平天國」。
公元1853年 （清咸豐三年）	太平軍佔領南京，改名天京，建為首都。
公元1856年（清咸豐六年）	第二次鴉片戰爭爆發。
公元1858年（清咸豐八年）	中俄《璦琿條約》、中俄、中美、中英、中法《天津條約》簽訂。
公元1860年 （清咸豐十年）	英法聯軍侵入北京，火燒圓明園。中英、中法《北京條約》簽訂，九龍半島南端割讓給英國；中俄《北京條約》簽訂。
公元1864年 （清同治三年）	天京陷落，太平天國失敗。1860至1890年代，洋務運動展開。
公元1883年至1885年 （清光緒九年至十一年）	中法戰爭，簽訂《中法新約》。
公元1894年 （清光緒二十年）	中日甲午戰爭爆發。孫中山在夏威夷檀香山組織興中會。
公元1895年 （清光緒二十一年）	中日《馬關條約》簽訂。

公元1898年 （清光緒二十四年）	英國強租九龍半島深圳河以南地區及附近諸島，借期九十九年。光緒帝宣布變法，是為戊戌變法開始。九月，慈禧太后幽禁光緒，變法失敗。
公元1899年 （清光緒二十五年）	山東義和團起義。
公元1900年 （清光緒二十六年）	沙俄軍隊入侵中國東北。八國聯軍侵入北京，慈禧太后西逃。
公元1901年（清光緒二十七年）	《辛丑條約》簽訂。
公元1904年 （清光緒三十年）	日俄戰爭爆發，清政府劃遼河以東為戰場，並宣布中立。
公元1905年 （清光緒三十一年）	同盟會在日本東京成立，選孫中山為總理。
公元1907年 （清光緒三十三年）	徐錫麟安慶起義，事敗遇難。秋瑾在紹興被捕就義。
公元1911年 （清宣統三年）	一月，孫中山、黃興等籌備發動廣州黃花崗起義。六月，四川展開保路運動。十月，武昌起義成功，成立湖北軍政府。十二月，革命軍佔領南京。十七省代表會議，選舉孫中山為中華民國臨時大總統。
公元1912年 （中華民國元年）	一月，孫中山在南京就任臨時大總統，宣告中華民國成立。二月，清帝溥儀退位，結束清朝統治。

中國人的故事（共6冊）

學習名人品德與精神　幫助孩子步向成功

56 位中國古今名人的成功故事

適讀年齡
9 歲或以上

榮獲第二十七屆
冰心兒童圖書獎

獎

名醫和藥學家的
高明

領袖和改革家的
視野

發明家和工程師的
努力

詩人和小說家的
才華

將軍和兵法家的
勇謀

現代科學家的
毅力

系列特色

擴闊孩子視野

讓讀者了解中國六大範疇的發展與成就，六大範疇包括：政治、發明、科學、軍事、醫學、文學。

了解名人故事

講述古今中國共 56 位在不同範疇有非凡成就的佼佼者的故事，學習他們成功背後的秘訣。

學習提升自我

透過名人的故事，培養孩子的品德，學習精益求精、堅毅不屈的精神，幫助孩子步向成功。

內容程度適中

用字淺白，配以精美插圖，符合高小學生的閱讀能力，並能提升閱讀興趣。

中國歷史之旅（二版）

滿清皇朝

作　　者：宋詒瑞
繪　　圖：野　人
責任編輯：陳志倩
美術設計：李成宇、蔡耀明
出　　版：新雅文化事業有限公司
　　　　　香港英皇道 499 號北角工業大廈 18 樓
　　　　　電話：(852) 2138 7998
　　　　　傳真：(852) 2597 4003
　　　　　網址：http://www.sunya.com.hk
　　　　　電郵：marketing@sunya.com.hk
發　　行：香港聯合書刊物流有限公司
　　　　　香港荃灣德士古道 220-248 號荃灣工業中心 16 樓
　　　　　電話：(852) 2150 2100
　　　　　傳真：(852) 2407 3062
　　　　　電郵：info@suplogistics.com.hk
印　　刷：美雅印刷製本有限公司
　　　　　九龍觀塘榮業街 6 號海濱工業大廈 4 字樓 A 室
版　　次：二〇一七年十月二版
　　　　　二〇二一年六月第三次印刷
版權所有・不准翻印

ISBN: 978-962-08-6968-6
© 1997, 2018 Sun Ya Publications (HK) Ltd.
18/F, North Point Industrial Building, 499 King's Road, Hong Kong
Published and printed in Hong Kong